Success15

fifteen

サクセス15
August 2013
8

http://success.waseda-ac.net/

■ CONTENTS ■

校受験なら早稲アカ!!

必勝コース 選抜試験 兼必勝志望校判定模試　無料

9/1 日

必勝5科コース	必勝3科コース
筑駒クラス	選抜クラス
開成クラス	早慶クラス
国立クラス	難関クラス

7月の早稲田アカデミー主催模試も選抜試験を兼ねます。

●北辰テスト受験者は代替受験を用意しております。お問い合わせください。
●途中月入会の選抜試験についてはお問い合わせください。

必勝コース 説明会　無料

第2回

9/1 日

●必勝5科コース
対象校 ▶
開成・国立附属・慶女・都県立トップ校

●必勝3科コース
対象校 ▶
早慶附属・難関私立校

●会場等詳細はお問い合わせください。
※第1回6/23実施の説明会と同内容です。

必勝コース実施要項

日程

月	日程
9月	8日・15日・16日(月・祝)・23日(月・祝)
10月	9月29日・6日・13日・20日
11月	4日(月・祝)・10日・17日・23日(土・祝)
12月	1日・8日・15日・22日
1月	12日・13日(月・祝)・19日・26日

毎週日曜日 全20回

時間・料金

必勝5科コース
筑駒　開成　国立　クラス
[時間] 9:30〜18:45(英語・数学・国語・理科・社会)
[料金] 30,000円/月

必勝3科コース
選抜　早慶　難関　クラス
[時間] 13:30〜18:45(英語・数学・国語)
[料金] 21,000円/月

※入塾金 10,500円(基本コース生は不要)　※料金はすべて税込みです。

特待生　選抜試験成績優秀者には特待生制度があります。

合格者数No.1

都立 日比谷高 都立最難関 75名合格

※No.1表記は
2013年2月・3月当社調べ

全国No.1 立教新座	350名	全国No.1 中大附属	81名	全国No.1 ICU	82名	全国No.1 成蹊	45名
全国No.1 豊島岡女子	84名	全国No.1 中大杉並	172名	全国No.1 明大明治	128名	全国No.1 渋谷幕張	116名
全国No.1 青山学院	94名	全国No.1 中央大学	55名	全国No.1 明大中野	148名	全国No.1 城北	89名

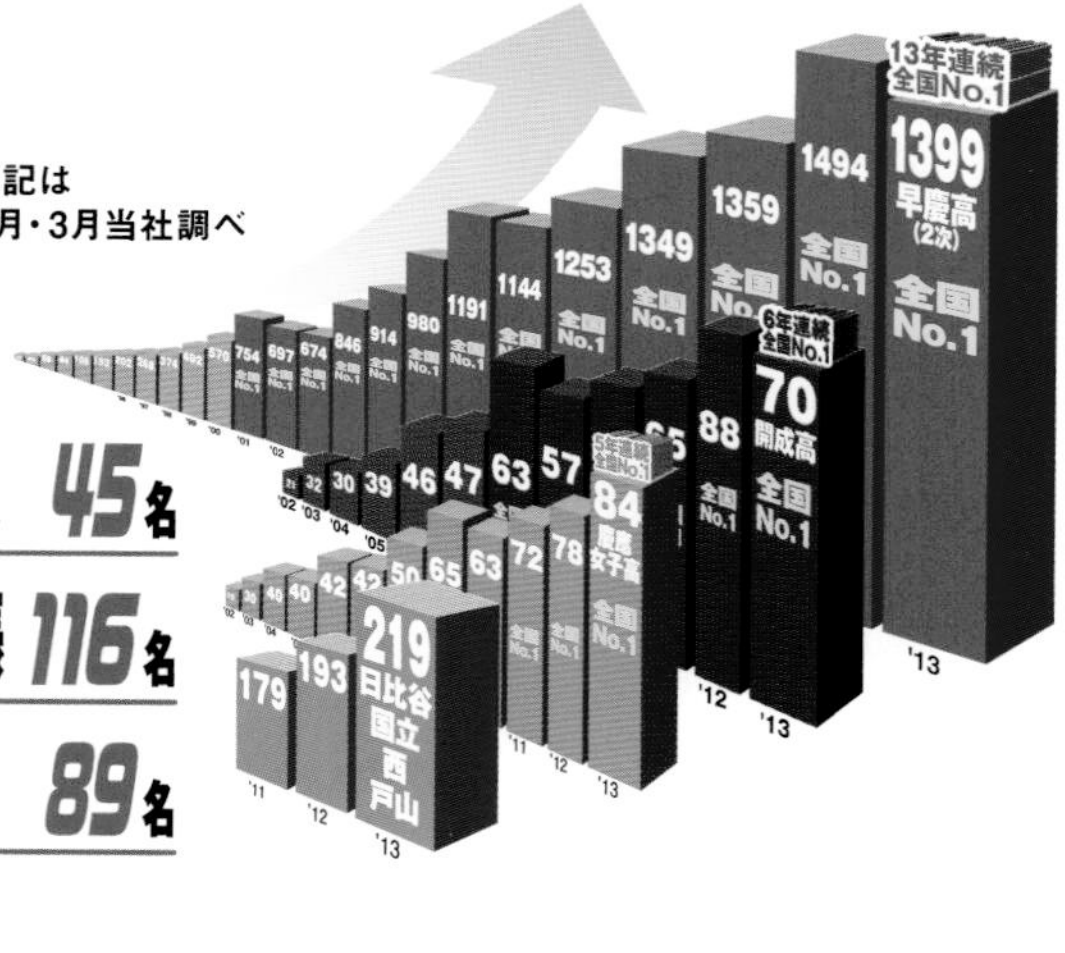

開成・国立附属・慶女・早慶附属・都県立トップ

中3 必勝コース

必勝5科コース 筑駒クラス、開成クラス 国立クラス

必勝3科コース 選抜クラス、早慶クラス 難関クラス

講師のレベルが違う

　必勝コースを担当する講師は、難関校の入試に精通したスペシャリスト達ばかりです。早稲田アカデミーの最上位クラスを長年指導している講師の中から、さらに選ばれたエリート集団が授業を担当します。教え方、やる気の出させ方、科目に関する専門知識、どれを取っても負けません。講師の早稲田アカデミーと言われる所以です。

テキストのレベルが違う

　難関私国立の最上位校は、教科書や市販の問題集レベルでは太刀打ちできません。早稲田アカデミーでは過去十数年の入試問題を徹底分析し、難関校入試突破のためのオリジナルテキストを開発しました。今年の入試問題を詳しく分析し、必要な部分にはメンテナンスをかけて、いっそう充実したテキストになっています。毎年このテキストの中から、そっくりの問題が出題されています。

クラスのレベルが違う

　必勝コースの生徒は全員が難関校を狙うハイレベルな層。同じ目標を持った仲間と切磋琢磨することによって成績は飛躍的に伸びます。開成 70 名合格（6年連続全国 No.1）、慶應女子 84 名合格（5年連続全国 No.1）早慶 1399 名合格（13 年連続全国 No.1）でも明らかなように、最上位生が集う早稲田アカデミーだから可能なクラスレベルです。早稲田アカデミーの必勝コースが首都圏最強と言われるのは、この生徒のレベルのためです。

2013年 高校入試実績

13年連続 全国No.1 早慶附属高（一次） **1399名合格**（7校定員 1610名）

6年連続 全国No.1 開成高（男子私立最難関） **70名合格**（定員100名）

5年連続 全国No.1 慶應女子高（女子私立最難関） **84名合格**（定員100名）

一流中学 高校受験 **早稲田アカデミー**

早稲アカ紹介 DVDお送りします

お気軽にお問い合わせください。

一流中学
高校受験

早稲田アカデミー

中2・3対象 日曜特訓講座

お申し込み受付中
お近くの早稲田アカデミー各校舎までお気軽にどうぞ

一回合計５時間の「弱点単元集中特訓」！

難問として入試で問われることの多い“単元”は、なかなか得点できないものですが、その一方で解法やコツを会得してしまえば大きな武器になります。早稲田アカデミーの日曜特訓は、お子様の「本気」に応える、テーマ別集中特訓講座。選りすぐりの講師陣が、日曜日の合計５時間に及ぶ授業で「分かった！」という感動と自信を、そして揺るぎない得点力をお子様にお渡しいたします。

早稲田アカデミー
イメージキャラクター
伊藤萌々香
（フェアリーズ）

中２必勝ジュニア　中２対象

「まだ中２だから……」なんて、本当にそれでいいのでしょうか。もし、君が高校入試で早慶など難関校に『絶対に合格したい！』と思っているならば、「本気の学習」に早く取り組んでいかなくてはいけません。大きな目標である『合格』を果たすには、言うまでもなく全国トップレベルの実力が必要となります。そして、その実力は、自らがそのレベルに挑戦し、自らが努力しながらつかみ取っていくべきものなのです。合格に必要なレベルを知り、トップレベルの問題に対応できるだけの柔軟な思考力を養うことが何よりも重要です。さあ、中２の今だからこそトライしていこう！

中３日曜特訓　中３対象

いよいよ入試まであと残りわずかとなりました。入試に向けて、最後の追い込みをしていかなくてはいけません。ところが「じゃあ、いったい何をやればいいんだろう？」と、考え込んでしまうことが多いものです。

そんな君たちに、早稲田アカデミーはこの『日曜特訓講座』をフル活用してもらいたいと思います。１学期の日曜特訓が、中１～中２の復習を踏まえた基礎力の養成が目的であったのに対し、２学期の日曜特訓は入試即応の実戦的な内容になっています。また、近年の入試傾向を徹底的に分析した結果、最も出題されやすい単元をズラリとそろえていますから、参加することによって確実に入試での得点力をアップさせることができるのです。よって、現在の自分自身の学力をよく考えてみて、少しでも不安のある単元には積極的に参加するようにしてください。１日たった５時間の授業で、きっとスペシャリストになれるはずです。さあ、志望校合格を目指してラストスパート！

一流中学
高校受験
早稲田アカデミー

information
ーインフォメーションー

早稲田アカデミー
各イベントのご紹介です。
お気軽にお問い合わせください。

小1～中3

夏期講習会

前期 7/21（日）～8/3（土）
後期 8/17（土）～8/30（金）

夏は受験生にとっては天王山、また受験生でなくても、長い夏休みの過ごし方ひとつで大きく差がついてしまいます。この休みを有意義に過ごすために、早稲田アカデミーでは家庭学習計画表などを活用し、計画的な学習を進めていきます。夏期講習会の目的は１学期の学習内容を確実に定着させ、先取り学習で２学期以降に余裕を持たせることにあります。平常授業の３か月分に匹敵する集中学習（受験学年）は、２学期以降のステップアップの大きな支えとなるでしょう。

学校の成績を上げたい君　**中３の夏から都県立合格を目指す君**　**部活と勉強を両立させたい君**

夏期講習会の詳細はホームページをご覧ください。

中3 作文コース

公立高校の記述問題にも対応
国語の総合力がアップ

演習主体の授業＋徹底添削で、作文力・記述力を徹底強化！

9月開講 受付中

推薦入試のみならず、一般入試においても「作文」「小論文」の出題割合は年々増加傾向にあります。たとえば開成の記述、慶應女子の600字作文、早大学院の1200字小論文や都県立推薦入試や一般入試の作文・小論が好例です。本講座では高校入試突破のために必要不可欠な作文記述の“エッセンス”を、ムダを極力排した「演習主体」のカリキュラムと、中堅校から最難関校レベルにまで対応できる教材、作文指導の“ツボ”を心得た講師陣の授業・個別の赤ペン添削指導により、お子様の力量を合格レベルまで引き上げます。また作文力を鍛えることで、読解力・記述式設問の解答能力アップも高いレベルで期待できます。

- **9月～12月**（月４回授業）
- **毎　週**　月・火・水・木・金のいずれか（校舎によって異なります）
- **時　間**　17：00 ～ 18：30（校舎によって異なります）
- **入塾金**　21,000円（基本コース生は不要）
- **授業料**　12,000円 ／１ヶ月（教材費を含みます）

「日曜特訓」「作文コース」に関するお申し込み・お問い合わせは最寄りの
早稲田アカデミーまたは **本部教務部 03（5954）1731** まで

お気軽にお問い合わせください。
早稲アカ紹介DVDお送りします

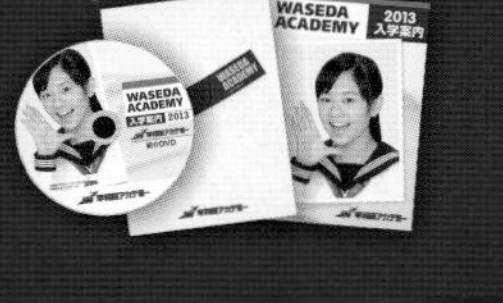

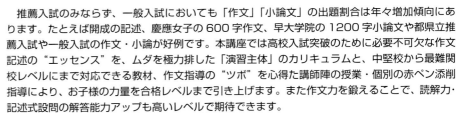

法政大学女子高等学校
石橋《いしばし》 美沙子《みさこ》さん

成蹊高等学校
真鍋《まなべ》 佐和子《さわこ》さん

成蹊高等学校
諸岡《もろおか》 雄太《ゆうた》くん

市川高等学校
落合《おちあい》 太一《たいち》くん

神奈川県立
横浜翠嵐高等学校
山本《やまもと》 武士《たけし》くん

現役高校生に聞いた！

中3の夏休みの過ごし方

　長い長い夏休み。みなさんはどんな目標を立てましたか?

　ここからは一足先に高校受験を終えた高校1年生の先輩12人に、中学3年生の夏休みをどう過ごしたか聞いてみました。12人それぞれの経験のなかから、自分に合うものを探して、これからの参考にしてみてください。

市川高等学校
実成《みなり》 優衣《ゆい》さん

春日部共栄高等学校
鈴木《すずき》 優海《ゆうみ》くん

昭和学院秀英高等学校
塩見《しおみ》 哲平《てっぺい》くん

埼玉県立
大宮高等学校
内田《うちだ》 麻友《まゆ》さん

桐朋高等学校
小澤《おざわ》 理人《まさと》くん

立教新座高等学校
君和田《きみわだ》 俊平《しゅんぺい》くん

東京都立
青山高等学校
塩崎《しおざき》 優衣《ゆい》さん

どのくらい？

部活と塾の両立

	7:00 起床	9:00	12:00	13:30	18:00		23:00 就寝
睡眠	休憩	部活	学校の宿題	塾	休憩	塾の宿題や復習	睡眠

部活がある日は９時から12時は部活でした。私は朝があまり得意ではないので、６時半か７時に起きて、部活までの時間はとくに勉強はしていません。

部活から帰ってきて、塾までの間に学校の宿題をしました。13時半から塾に行きます。授業を受けて夕方帰宅し、夕食や休憩を取ってから塾の宿題と復習をやります。やる気があるときは23時まで勉強して、次の日も部活があるので早めに寝るようにしていました。

やるべきことは塾でやる！

	8:00 起床	10:00	12:00	13:00	16:00	18:00	20:30	23:00 就寝
睡眠	前日の学習	塾（理・社の授業）	昼休み	塾（国・数・英の授業）	特別講座	自習室で勉強	休憩	睡眠

朝は８時ぐらいに起きて、時間に余裕があるときは昨日できなかったぶんの勉強を少しします。10時から塾の夏期講習が始まり、午前中に理社の授業を受けていました。そこから昼食をはさみ、午後には国・数・英の授業があります。16時に授業が終わり、さらにそのあとは上位校へ行きたい人のための特別対策講座を受け、それが終わると自習室で２時間半ほど勉強して帰宅しました。やるべきことは塾でほとんど終わらせて、帰ったら寝るというリズムでした。

自分で見つけた課題をこなす

	9:00 起床	15:00	22:30	23:00 就寝
睡眠	塾の宿題や自主学習	塾	休憩	睡眠

朝は９時に起きます。塾までの時間は、塾の宿題以外にも自分で課題を見つけて学習していました。おもに国語や数学の問題集に取り組んでいました。夏期講習は15時から21時半まであり、夕食はお弁当を持っていって塾で食べていました。22時半に帰宅してからは息抜きの時間で、基本的に勉強はしませんでした。

たまにある休日は、夏休みなのでなるべく遊ぼうと思い、午前中に勉強し、午後は友だちとよくバスケットボールをしました。

できる限り勉強する！

夏休み中は所属している演劇部の活動が８月中旬まであったので、午前中は部活、午後に塾へ行きました。部活が１日中あるときは、終わったら直行して18時から塾でした。基本的に夏休みは塾で勉強して、あとは自宅で夜に２時間ほど勉強しました。できるかぎりやる、という状態でした。

宿題はその日のうちに

朝は９時に起き、朝食を済ませてから午前中は問題集を解きました。昼から夏期講習があり、夜の19時まで授業があります。そのあと21時までは自習室に残ってその日のうちに宿題をやります。塾で勉強しているぶん、帰宅したら22時か23時には寝るようにしていました。睡眠時間は毎日たっぷりとっていました。

午後から勉強！

朝は８時に起きて、大体午前中はゆっくりすることが多かったです。夏期講習は18時から21時の時間帯だったので、昼間は塾の宿題を２時間ほどします。夕方17時に早めの夕食を食べて、塾へ行き、帰宅してからは夜食を食べることもありました。できるときは、それから１～２時間勉強してから寝ていました。

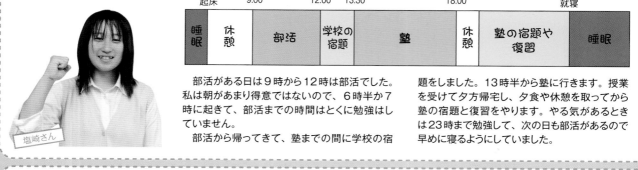

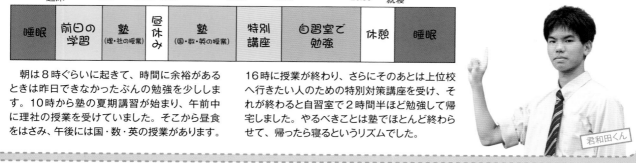

1日の勉強時間、

メリハリをつける！

	7:00 起床	9:30	17:30			2:00 就寝
睡眠	休憩	夏期講習	休憩	宿題など	運動などでリラックス	睡眠

朝は７時に起きます。塾までの時間はなにもせず、９時半から17時半までは塾で夏期講習の授業がありました。授業のあとはそのまま自習時間もありました。帰宅して、まずは自習時間内に終わらなかった宿題をやり、夜の涼しい時間帯になったところで外に走りに行きます。そのあとは夕食をとり、リラックスした時間を過ごして夜中２時ぐらいに寝るようにしました。勉強だけではなく、自分の好きな運動の時間もたっぷり作っていました。

昼寝をして夜までしっかり勉強

	7:30 起床			14:30					24:00 就寝
睡眠	食事	暗記	塾	自習室で勉強（途中で昼寝）	家で今日の復習	食事	家で今日の復習	暗記	睡眠

朝は７時半に起きて朝食をとり、塾に行くまでの時間は英単語や漢字の暗記をします。塾が14時半まであり、そのあとすぐ帰宅すると家でだらけてしまうので17時半までは塾の自習室で勉強していました。帰宅後は、まずその日の復習をし、夕食を済ませて、引き続き復習や次の日の塾のテスト勉強をしました。寝る前に英単語や漢字を眠い頭に詰め込んでいました（笑）。夜24時まで頑張るために、午後の時間帯で毎日欠かさずに昼寝をするようにしていました。

塾へは行かず自分で勉強

	7:00 起床		12:00		21:00		23:00 就寝
睡眠	食事	自宅学習	昼食・休憩	自宅学習	夕食や家族の時間	自宅学習	睡眠

塾には行かずに家で勉強していました。朝は不規則でしたが、大体７〜８時の間に起きます。朝食をとり、午前中は３時間か４時間勉強します。それから昼食をとって休憩時間です。そのあとは夕食の時間まで再び勉強します。両親が仕事から帰ってくる時間に合わせて夕食をとったり、家族団らんの時間もありました。夜も勉強するようにしていましたが、親に早く寝るように言われていたので、１時間だけ勉強して、23時には寝ていました。

朝８時から塾へ

朝の８時から塾へ行きました。毎日５教科の授業があったので、昼12時まで授業を受け、休憩をはさんで13時から18時までも授業がありました。帰宅してからは夜の21時から24時半まで宿題などをやっていました。夏休み中はあまり遊ぶこともなく、毎日の勉強は精神的にもキツかったですが、自分で決めた目標に向かって頑張りました。

１日８時間勉強する

塾はそんなに多くなく、夏期講習が午前中に３時間あるだけでした。帰宅したら14時から18時までは家でひたすら勉強という感じです。「１日に８時間勉強する」と決めて、その時間は絶対に勉強するようにしていました。たまには遊ぶときもありましたが、そのときも時間を区切って、勉強時間もしっかり確保しました。

毎日小テストの勉強をした

ほぼ休みなく夏期講習がありました。塾では毎日５教科の小テストがあったので、塾までの時間は漢字や英単語などの暗記系の勉強をします。11時半〜19時まで塾の授業を受けます。帰宅して夕食をとり、夜は20時からまた次の日のテスト勉強やその日の復習などをして、23時に寝ていました。

するべき?

英語

英語のまま理解する!!

単語の勉強は、ひたすらその単語を使った短文を音読して文章ごと覚えていました。

英語は長文問題を重視し、とにかく早く読もうと心がけていました。読んだときに英語のまま理解できるようになることを目標にし、最終的にはできるようになりました。過去問は、知識が完成しないうちは手を出さないようにいたので、夏休み以降に解きました。

まとめノートを作る

自分でまとめノートを作っていたので、塾で過去問を解いたときなどに、わからない単語や文法があったらメモを取っておきます。あとから自分のノートにまとめ直すことで、内容を思い出せて復習にもなります。そのノートは受験まで使い続けました。

英語・熟語１日30個

塾で単語テストが毎日あったので、単語と熟語合わせて30個を毎日覚えていました。決まった勉強時間は設けず、テキストをつねに持ち歩いて、暇なときにテキストに目を通して覚えるようにしていました。

アニメでリスニング

父が英語が得意なので、長文の勉強は父に手伝ってもらっていました。英文を見ながらぼくが声に出して日本語訳を読み、間違っている箇所を父に指摘してもらいました。

リスニングに関しては、日本のアニメの英語版を中2の終わりごろから見るようにしていました。はじめはまったく聞きとれませんでしたが、絵を見てストーリーを理解することを心がけていたら、自然とリスニング力がつきました。ドラゴンボールから知らないアニメまで見ていました。

自分でテーマを考える

もともと英語が好きで、基礎問題は得意だったのでスラスラ解けました。夏休みには難しい応用問題にもチャレンジしました。

記号問題だけじゃなくて、記述問題もたくさん解いていました。

とくに英作文の練習は、自分で自由にテーマを考えて書きました。例えば「自分がその物語の主人公だったらどうするか」などオリジナルのテーマで英作文を書いて、塾の先生に添削してもらったりしていました。

数学

根気よく繰り返す

数学は苦手ではなかったのですが、応用問題になるとなぜか解けなくて頭がこんがらがっていました。図形問題が一番苦手だったので、図形を徹底的に勉強しました。計算ミスもよくしてしまっていたので、過去問を解くときなどに計算ミスをなくすように心がけました。「なんで頑張っているのに解けないんだろう」と思うこともありましたが、演習を繰り返すうちに、基礎を固めることで応用問題も解き方を少し変えればできるということがわかりました。

図形脳を作る

数学は練習あるのみと言われていたので、図形問題をひたすら解きました。図形はひらめきだと思うので、「図形脳」を自分のなかに作ろうと努力しました。

練習を重ねた結果、問題を見た瞬間に「これはこの解き方だ！」とひらめくようになりました。夏休みを経て、図形脳は目標の７割くらいできたと思います。受験のときも、数学がほかの教科をカバーしていた部分が大きいです。

中２からやり直す

５教科のなかで１番苦手だった数学は、塾の問題集をひたすら解いて総復習をしました。中１の範囲からやり直し、ひと通り解き終わったらまた最初に戻り、解けない問題をどんどん減らしていきました。夏休み中に２、３周でき、２学期になるころには苦手意識をなくすことができました。

夏期講習では、復習と併せて新しい範囲も学習していたので、新しい範囲にも重点をおきつつ勉強していきました。

苦手意識がなくなるまで

本当に苦手だったので、夏休みで１番時間をかけました。まず２年生のときの塾のテキストを解き直すことから始めて、８月の後半は難しい問題集で応用力をつけました。解けなかった問題はノートに回答を写し、２日ほど経って解法を忘れたころに再チャレンジしていました。受験直前にもその解き直しノートを見直しました。

夏休みに頑張った甲斐があり、苦手意識はなくなり、受験前は苦手だった数学が１番得意になっていました。

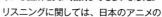

どんな勉強を

国語

自分で買った問題集を解く

塾では、過去問を1日1校ぶん解きました。苦手な国語は、8月の頭から自分で問題集を基礎編・標準編・難関編の3冊を買って、1日1回ぶんずつ進めました。記述問題が苦手でしたが、基礎から読み方を勉強しなおすことができました。わからない問題は、解説を読んで問題の数をこなしていくうちに、なにを聞かれているかということや、その答え方が理解でき、読解力が身につきました。8月いっぱいでこの3冊を終わらせ、3冊目の難問編は受験までの間に何度か繰り返し解いていました。

古文は毎日！

古典は問題集で毎日2つの話を読みました。国語のなかでも古典はとくに苦手だったので、慣れるためにも毎日続けました。現代文の文章も1日1個読むと決めて取り組んでいました。

朝と夜には漢字を必ず暗記していました。1日50個覚えて、1週間空けたころにまた同じ範囲をやるという風に決めて繰り返し覚えます。私は朝が得意ではなかったので、頭を勉強モードに切り替えるためにも、朝に漢字の暗記をしていました。

苦手な古文は夏休みから

英語と数学に集中していたので国語は夏休みにはあまり手をつけなかったのですが、古文は苦手だったので、これだけは夏休みから少しずつやっていくようにしていました。

小説を意識して読む

国語の現代文を読むときのように小説を読むことを塾の先生にすすめられました。登場人物の気持ちなどを考えながら、じっくり時間をかけて1冊を読んでいました。

できるところを鍛える

私はあまり国語に関する読解力がなくて、市川の過去問をやったときもずっと40～50点台でした。だから基本は取れるところで点数を稼ごうと思いました。記述問題はひとまず手をつけずに、漢字や記号問題を練習して、そこだけは確実に取れるようにしました。夏休みにそこに重点をおいて勉強していたおかげで、秋以降は点数が取れるようになりました。記述問題の対策は、夏休みが明けてから本格的に始めました。

理科・社会

〔理科〕楽しく語呂合わせ

理科は、重要なワードなどは語呂合わせやリズムに乗って覚えるなど、楽しく覚えるようにしました。語呂合わせは塾の先生がおもしろいリズムで教えてくれたり、自分でオリジナルのものを考えたりしました。ときには自分の好きな歌に合わせて、お風呂にそれを書いた紙を持っていって口ずさんで覚えたこともあります。

その方法でキーワードを覚えたら、キーワードの説明をできるようにしました。それから問題演習を重ねて、基礎が固まったら応用問題へとチャレンジしていきました。

〔社会〕年表を作ってまとめる

社会は、年表を中心に勉強していました。文化がどのように進んだのかなどを、一通り年表にまとめたものを作りました。どの時期にどの国とどの国が関連しているのか、そのとき起こった出来事なども、まとめないと頭が混乱してしまうので、年表にまとめることでわかりやすくなりました。どのようにして出来事が起こったかなど、流れをおさえるには年表にまとめるのが1番だと思います。

理科と社会は夏休みの努力の甲斐もあり、10月には一気に偏差値があがりました。夏休みにこの2教科を集中的にやっておいて本当によかったです。

〔理科〕細かい名称まで暗記

もともと公立校をめざしていたため、夏休みは理社に重点をおいて勉強しました。社会は歴史を総復習することを目標に、理科は基礎の復習と、薬品や実験機器などの細かい名称もまとめて覚えるようにしました。

塾からもらった夏期講習用のプリントなどの問題をひたすら解きました。わからないところは積極的に塾の先生に質問することを心がけていました。

〔社会〕時代の流れを把握する

社会は時間をかけて基礎を固めました。塾の先生が時代の流れをとても重視していたので、先生が作ってくれた時代の流れがわかるノートをひたすら使っていました。

歴史は流れを把握するのが難しいという人がよくいますが、私はその点はしっかりと掴めていました。細かい年号を1つひとつ覚えるよりも、時代の流れを把握しておくことで記述問題も抵抗なく解くことができます。試験のときも覚えていてよかったと感じました。

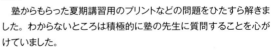

目標はどう立てる？

自分で決めたことを守る

中3の夏になったころは、まだ理科と社会の知識も勉強方法も安定していなかったので、その2教科を中心に勉強しようと決めました。あと、志望校の大宮に偏差値が達していなかったので、各教科の苦手箇所をなくして偏差値をあげることを目標にしました。

目標が達成できなくてあとから後悔したくなかったので、自分で決めたことはしっかり守るようにしました。

内田さん

数学のレベルアップ

私立の学校を受験しようと決めていたので、私立の応用問題が解けるくらいに数学をレベルアップしないといけないと思いました。

そのために、夏休みはまず中学で習う数学の範囲をすべて終わらせたうえで、とにかく基礎を固めることにしました。計算ミスも多かったので、そこで取りこぼしがないように、市川の過去問はかなり前のものから集中的に解いていって、計算ミスをなくすようにしていました。

実成さん

勉強の習慣づけ

夏休み直前にバスケットボール部を引退するまで勉強する習慣がなかったので、夏休みは勉強リズムを身につけることを第一の目標にしました。個人塾から大手の塾へと変えて、夏期講習に通い、塾のペースに合わせて勉強の習慣をつけようと思いました。

教科の面では、苦手教科の国語を克服するために、基礎からもう一度やり直すことが目標でした。そのためにテキストを3冊買って、夏休み中に終わらせると決めました。

小澤くん

少しずつでも勉強

中３の夏休みは塾とラグビー部を両立していたので、部活を引退している人よりも限られた時間のなかでの受験勉強でした。

まだ志望校を決めていなくてどこにしようか迷っている状態でしたが、私立・公立のどこに決めてもいいように、毎日少しずつでもいいから勉強しようと思ってやっていました。

塩崎さん

真鍋さん

夏休みにイチから

苦手な数学から逃げずに、絶対克服すると決めていました。数学は基礎から理解していなかったので、夏休みでイチからやり直そうと思いました。

できるだけ難問を解く

数学と英語の力を伸ばすことが目標でした。問題集を購入し、できるだけ難しい問題を解くことと、苦手な分野や間違えたところを解けるまでやることをメインにしていました。

鈴木くん

数学をもっと伸ばす

数学に力を入れて頑張ろうと思いました。得意科目でもあるので、練習あるのみという感じでした。私立受験だと３教科受験なので、数学ができれば得点が伸びると思い、ひたすら問題を解いてより力をつけることを目標にしました。

落合くん

運動もほどよく取り入れる

バスケットボール部を引退したばかりだったので、とにかく運動をしたいという気持ちがありました。塾の宿題などはほとんど塾でやるようにして、夜走ったり、週末はプールで泳いだり、勉強だけではなく、自分がやりたいこともできるように過ごそうと思いました。

塩見くん

やって よかった!!

紙にリストアップ

次の日にやることを紙に書いてリストアップすることです。毎日寝る前に小さな紙に明日やることや問題集のページ数を書いておいて、次の日にそれができたら線を引いていきます。できなかったら「明日やる」と書いて明日に回し、できるときはさらに追加して勉強を進めていました。夏休みまではこの方法を取り入れていなかったのですが、やり始めるとうまくいって、２学期や冬休み、高校に入っても中間テストの前などの忙しい時期にはするようにしています。

塩崎さん

細かいところも覚える

山本くん

細かい内容が入試本番では意外に出題されるので、疎かにせず、夏休みに１つひとつゆっくり確実にやっていたのがよかったです。

それでも、社会の知識問題で「これが出たらちょっとやばいな。でも出ないだろう」とうろ覚えになっていた問題が出ました。それで案の定間違えてしまったんです。これは失敗談ですが、それ以外の部分では、細かいところまで覚えておいて損はなかったかなと思っています。

勉強のリズムをつける

勉強のリズムをつけておいたことですね。夏休みだけでなく、そのあともこの生活リズムが崩れることなく続けられました。

あとは、漢字や英単語を一番時間があるこの時期にやっておいたこともよかったです。早めにやっておけば繰り返す時間があるし、あとから忘れても、少しやればすぐに思い出すことができたからです。学校で小テストがあっても、その前の時間にちょっとやれば大丈夫でした。

小澤くん

苦手から逃げない

苦手な数学から逃げずに、克服したことです。やらなかったら、多分２学期もわからないままだったと思います。苦手科目は基礎からやっていかないと、いきなり応用になっても解けません。塾で聞いてそのときはわかったと思っても、やっぱり基礎ができていないとすぐにわからなくなってしまうからです。

１日のうちにいろいろな教科を少しずつでもやっていたのもよかったです。私の場合は少しでも触れていないとその教科が嫌になって逃げてしまうので。

真鍋さん

出題傾向をつかむ

進学した立教新座を含め、ぼくは合格が確実という学校を受けなかったので、出題傾向をしっかりつかむ必要があって、塾の私立上位校対策授業を受けていました。私立の過去問を解く講座で、英語だったら長めで質が高い長文問題だったり、数学だったら学校では習わないような問題が出てきて、その解法を教えてもらえました。

それに加えて、夏休みでは古文の都立用対策に取り組めたこともよかったです。私立では古文はよく出ますが、都立はちょっと変わった出題のされ方なので。

君和田くん

完全に得意科目に

落合くん

得意な数学にたくさん取り組んで、自分のものにできたのがよかったです。因数分解１つをとっても、勉強し直したときに理解が全然違いました。

高校に入学してからも数学の授業がよくわかります。ちょっとできるぐらいじゃなくて、完全に得意科目にできたのは大きかったと思います。

英語の長文

英語の長文ですね。父にも手伝ってもらいながら、夏に集中的に取り組んだことでかなりできる力がついて、得意になりました。おまけで英語の準２級もとれました。

ほかには数学、理科、社会の苦手分野を洗い出せたことです。じっくりできる期間だから、各教科で問題集や参考書を見ながら、出てきた苦手な部分をつぶしていくことで、しっかりと土台作りができたのもよかったです。

鈴木くん

同じ問題を何度も

同じ問題を何度もやっておいたことです。取り組んだことがたとえテストに出なくても、自分の力になっているのは間違いないし、それができることでほかの問題への応用ができるのでやってよかったと思いました。

内田さん

数学

実成さん

数学です。なんでこんなに解けないの、と思うときもありましたが、とにかく基礎を固めて演習を繰り返しました。そのおかげで11月ぐらいになると、応用問題がどうすれば解けるのかわかってきました。高校でもある程度できているので、身についているんだなと思います。

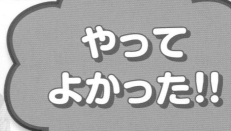

やれば よかった・・・

過去問

もうちょっと早めに過去問に手を出しておけばよかったかな。

解けば解くほど、その学校の出題傾向がわかると思うのですが、いま振り返るとその時間がちょっと短かったかなと感じています。塾の先生からは過去問を渡されていたのですが、できなかったらどうしようという不安があってなかなか手が出なかったんです。でも、そういう気持ちを抑えてやっておいた方がよかったなと思っています。

君和田くん

復習はその日に

小澤くん

塾から家に帰ったあと、もう少し勉強しておいた方がよかったかなと思っています。次の日の朝にしていたのですが、朝だと前の日の復習をするときに思い出すのに時間がかかっていました。帰ってからもうひと踏ん張りして、１教科だけでも復習しておいたらもっと効率がよかったでしょうね。

あとは志望校を選ぶこと自体を夏休みの前にしておくとよかったですね。夏休みに入ってから考えだしたので、選ぶこと自体を焦ってしまいましたから。

年号

社会の歴史で年号問題が出ますよね。出来事を年号順に並べ替えなさい、という感じの。夏休みは、ほかの暗記ものはかなり力を入れて毎日取り組んでいたのですが、年号にはあまり取り組んでいなくて、なんとなくでしか覚えていなかったので、もっとはっきりと年号を覚えておけばよかったです。

時期があとになると、新たに覚えないといけないものも増えてくるし、時間があって、できるときに少しでもやっておいた方がいいかなと思います。

石橋さん

記述問題対策

山本くん

記述問題はもっとしっかりやっておけばよかったなと思います。公立は記述式が多いので、ちゃんとした書き方を身につけるようにした方がいいです。問題の出題され方もある程度傾向があるので、例えば模試を受けたら、その正しい解答を見て、写すだけでもいいからやってみる。だから模試のやり直しももう少しやればよかったですね。解答例を覚えるのも大切です。時間がないなら、解答を読むだけでも違ってくると思います。

先生に聞きに行く

苦手教科の克服に関してなんですが、もっと先生に聞きに行ったりした方がよかったかなと思っています。わからない問題があったときに、まずは友だちと２人でやってみて自分たちで考えるということをしていたので、それはそれでいいのですが、そのままになってしまうこともあったので、そういうときはもう少し先生を頼ってもよかったかもしれません。

塩見くん

英文法

鈴木くん

英文法です。もともと苦手だったのですが、長文に力を入れてやっていたぶん、こっちはほとんど力を入れていませんでした。そうしたらあとで取り返すのが大変で。最後は『英文法問題精講』（旺文社）をとにかくやって、ある程度は挽回することができましたが、とても苦労しましたね。

あとは、苦手で夏休みはまったく手を付けなかった国語も、少しはやっておいた方がよかったかもしれません。

得意と思っていたけど

社会は、ほかの教科に比べて得意だと思っていたので夏期講習も行かなかったのですが、受験の前に困りました。学校では受験直前まで新しいことを学んでいたので、その新しい範囲の勉強に追われてしまったんです。夏休みにもう少し進めておけばよかったなと思いました。

あとは、まだ志望校を都立にするか私立にするかも迷っていて、そのせいでどこか勉強に身が入らなくて、先に部活動が終わっていた子たちに比べると勉強が足りていなかったとも思います。

塩崎さん

英単語

英単語ですね。高校の英語の授業で、先生から「知っていると思うけど」と、当たり前のように英単語の意味を聞かれることがあったのですが、それがこっちは全然聞いたことがないような単語だったりして。ほかの人より辞書をひく回数も多いなと周りを見ていて思ったし、もうちょっと英単語は力を入れてやっておけばよかったです。

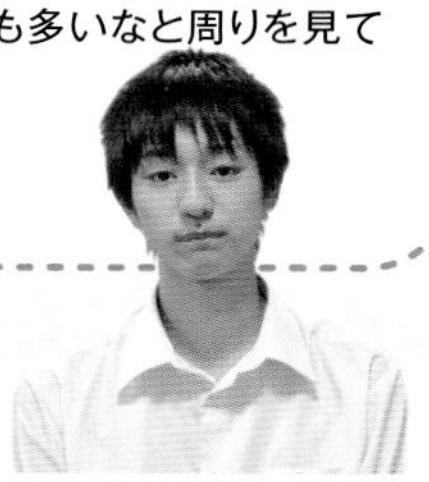

落合くん

古文

国語、とくに古文です。受験勉強の期間を通して古文はなんとなくでやっていたのですが、もう少し活用形などをちゃんと覚えていたら、いまも含めてこんなに苦労しなかっただろうなと思ってしまいます。市川を受けたときも国語ですごく失敗した感じがあって、絶対落ちたと思っていたので、古文を夏休みからやっておけばそんな不安もなかったのかなと思います。

実成さん

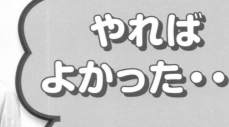

使った問題集・参考書

夏休みに入る前に、国語が苦手だったのでそれを克服するための問題集を基礎から応用まで３冊買いました。『出口の国語レベル別問題集―高校受験』（東進ブックス）です。これを終わらせることを目標にしました。１、２冊目は簡単でしたが、考え方を見直すことができました。３冊目の応用編が結構難しかったのですが、解説がわかりやすかったので、それを参考にして、記述はどう解けばいいか見ながらやっていきました。

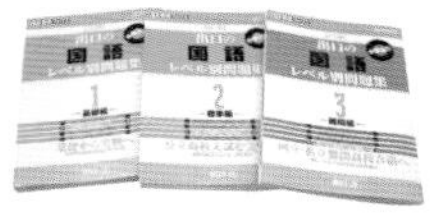

小澤くん

塾に通っていなかったので、親と相談しながら、基礎から応用までできる問題集を買って、それをやりました。数学は『代数の先生』『幾何の先生』（昇龍堂出版）をやって、そのあと『最高水準特進問題集』（文英堂）に挑戦したり。英語は『英語長文問題精講』（旺文社）を夏休みにひたすらやりました。理科も『図でわかる中学理科』（文藝春秋社）や、『最高水準問題集』（文英堂）を難易度をあげていきながら解いていました。

鈴木くん

数学では『高校受験　入試によくでる数学』（ニュートンプレス）を夏休みにやりました。標準編と応用編の２冊に取り組んでいるだけで夏休みが終わっちゃいました。夏休みじゃないですが、そのあとは『高校への数学』（東京出版）をスタンダード演習、レベルアップ演習、図形演習など、終わったら繰り返すのではなく、より難しくして解いていきました。

理科と社会は塾の先生にすすめられて、『最高水準問題集』（文英堂）を使っていました。

夏休み中は数学で問題集を使いました。『新中学問題集』の発展です。それをやっていて、夏休みが終わってからは『高校への数学』（東京出版）を使っていました。

苦手だった国語に関しては、塾の先生がいろいろな問題集から入試で出やすい問題をピックアップしてくれて、それを解いていました。

実成さん

真鍋さん

部活と受験勉強のきりかえ

バスケットボール部に入っていました。夏休みに入ってすぐに最後の大会があって、そこで負けてしまったのですが、勉強するのはイヤだな、もっとバスケしたいな、という気持ちでずっと過ごしていました。塾に行って勉強もしていましたが、１カ月ぐらい切り替えられませんでした。

でも、夏休みの後半に受けた模擬テストの成績が結構悲惨で、さすがにこれじゃヤバイなと思って気持ちを切り替えることができました。

塩見くん

実成さん

私が入っていた演劇部は８月の中旬まで活動があり、夏休み中もバリバリ部活動に打ち込んでいました。部活動が終わったあとに塾に行って勉強する形でした。午前中だけのときは12時には終わりますが、午後もあるときは夕方の18時ぐらいまで。それが終わってから塾に直行して21時までやるという感じでした。両立は大変でしたが、とにかく基礎を固めようということで、夏休みは抜けているところを埋めたり、今後のためのベースを作っておくという感じでした。

ラグビー部に入っていて、引退は10月ぐらい。ですから勉強と部活動ばかりの夏休みでした。部活動は平日３日ぐらいと土日はほぼ両方で、午前中に３時間ありました。そのあと塾に行くのですが、眠くなって大変でした。この時点では自分のなかでは部活動の方が割合は大きかったですが、そのなかでも少しずつ勉強を続けていたことは意味があったと思います。勉強だけ、というのもしんどいから、私の場合、部活動があったのはよかったかもしれません。

塩崎さん

美術部で活動していました。中３の６月に引退作品を描きあげたら引退でした。入部したころからこんな絵が描きたいと思っていたものを、自由に表現して描きました。だから夏休みには部活動はなかったのですが、最初のころは名残惜しくて、絵を描きたいなあと思うことがよくありました。でも、自分が部活動で頑張ってコツコツやったら絵が上達したのと同じように、ちょっとずつでも頑張れば、勉強も成績があがると思って切り替えて頑張ることができました。

内田さん

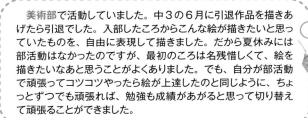

志望校は決まっていた?

中１から大宮

私は中１のころから大宮をずっとめざしていました。きっかけは、学校の勉強はできても応用問題が解けなくて成績がなかなか伸びない時期があったことです。「これは目標を立てて頑張らないといけないな」と思って、母のすすめで大宮の文化祭に行きました。そこで元気な先輩の姿を見たり、話を聞いて勉強する環境が整っているなと感じて、ここに行きたいと思いました。私じゃ無理かなって思うときもあったんですけど、頑張り続けてよかったなと思っています。

内田さん

夏休みに決めた

塩崎さん

夏休みの時点では決まっていませんでした。ただ、周りからは早く決めた方がいいよ、と言われていたので、夏休みに５校ぐらい学校見学に行きました。そのなかに青山もあって、それまでは絞りきれていなかったのですが、ラグビー部の顧問の先生と話したり、部の雰囲気や活動をみて、青山に決めました。

志望校が決まると、受験勉強にもより気持ちが入るので、まだ迷っている人は絶対夏休みに学校見学に行くべきです。

中３の夏まで公立志望

中３の夏までは公立志望でした。でも、夏休みに法政女子の学校見学会があって、それに参加したときに楽しそうだなと思って気持ちが変わり、秋ごろに法政女子に決めました。

私自身の経験からも、夏休みに学校見学には行った方がいいと思います。合同説明会には行ったことがあったけど、写真やパンフレットでは本当の雰囲気は伝わらないし、実際に学校を訪れてみて、部活動の様子を見たりすることは大切だと思います。

石橋さん

志望校選びは夏休みから

夏休みに入ってから志望校を選び始めました。学校見学に行った数は５校ぐらいで、まず、そのなかから２、３校に目星をつけました。見学するときは、偏差値などは資料を見ればわかるので、部活動をしている人など、学校の雰囲気を見るようにしました。

また、実際に校内に入ってみると様子もよくわかるので、施設が整っていたりきれいだったりして、学校全体が勉強しやすい環境だなとわかったところが候補になりました。

小澤くん

家族のサポート

勉強部屋を用意

家族には気をつかわせてしまったと思います。ぼくは過去問を解いては一喜一憂していましたから。兄弟がいるのですが、ぼくが悪い点数とったときに隣で兄弟がケンカしていたりすると怒鳴っちゃったりしました。迷惑かけちゃったなと思います。

あとは、ずっと兄弟いっしょの部屋だったんですが、ぼくの受験に合わせて親がほかの部屋にわざわざ勉強部屋を用意してくれて、そこで勉強していました。

落合くん

そっとしておいてくれた

山本くん

一番はそっとしておいてもらえたことですね。中３になってから家で漫画の『ドラゴン桜』を読み始めたのですが、そのなかに親がテストの結果で一喜一憂すると子どもにプレッシャーがかかる、という話が出てくるんです。それを両親が読んだみたいで、テストの結果や内容に対してなにか言われることがまったくなくなりました。また、父が超楽観主義者で、横浜翠嵐の倍率が２倍を超えても、まあいけるでしょ、という感じで、そんなふうに接してくれたのもよかったです。

家族仲良く

両親共働きですが、母は料理など生活面で、父は勉強面や、志望校探しなどでも時間を作ってサポートしてくれました。夏休みにこんな感じで勉強を進めようというのも相談していました。母は自分をよく見てくれているなと感じるし、父は頼れる存在ですね。

ぼくはひとりっ子で家族３人結構仲がいいんです。夏休みの間も、晩ご飯のあとに時々そのままお菓子を食べながらいろいろな話をしたり、映画を観たりもしました。いい息抜きにもなったと思います。

鈴木くん

兄が教えてくれた

母は勉強しなさい、と言うタイプではなくて、私が勉強しているときにさりげなく「休憩したら?」とか声をよくかけてくれました。そういうのがありがたかったです。

また、私には兄がいて、当時高３だったのですが、その兄は数学が得意だったんです。だから数学でわからないことがあったときに色々と聞いて、教えてもらっていました。そういう人が周りにいたのもよかったです。

石橋さん

息抜きの方法は？

アニメを録画

諸岡くん

テレビがぼくの息抜きでした。ただ、普通に見始めるとそのまま見続けてしまうので、例えば深夜アニメを録画しておいて、１本か２本見て、終わったら勉強というふうにしていました。

アニメだと30分で１話などの区切りがあるので、だらだらせずに目安をつけやすいというところがよかったです。

料理

部活動が終わったばかりだったから運動がしたくて、夜走ったり、土日はプールで泳いだり、時間を作って身体を動かしていました。

あとは料理が好きなので、夏休みもできるときには夕飯作りを手伝っていました。ほかにもアニメを見たりとか、息抜きは大事だと思っていたので、勉強ばかりにならないように意識していました。

塩見くん

マッサージ

親によくマッサージをしてもらってカラダをほぐしていました。テレビは見ませんでした。夏休み中でも、ある程度勉強が進んでくると、問題を解くことが楽しくなり、ずっと勉強していたいと思え、テレビには興味がなくなりました。本を読んだり、遊びに行ったりすることもなかったですね。勉強が終われば、と思っていたので。唯一音楽は聞いていましたが、それも休憩時間に15分ぐらい聞く程度でした。

真鍋さん

ラグビー

塩崎さん

家のなかだと、気分転換に音楽を聞いたり、テレビを見たりしていました。とくに音楽を聞きながらぼーっとすることが多かったですね。

あとは外に出てちょっと身体を動かしたり、ラグビーボールを触ったりとか。弟といっしょにボールを投げ合ったりもよくしました。それにラグビー部の活動自体がかなり気分転換になりました。

寝る

君和田くん

テレビを見るのが好きなので、息抜きしたいなと思ったときはテレビを見て過ごしました。

それと、勉強中にどうしても眠くなるときってありますよね。そういうときは思いきって寝ていました。夜の場合はもう寝て明日に備える。そうじゃないときは１時間ぐらい。寝るとスッキリするので、ぼーっとしながら勉強するよりもその方がむしろよかったです。

ダンス

夏休みが終わるとすぐに学校の運動会があって、そこでダンスをすることになっていたので、その練習をしていました。もともと踊ることが好きなので、そうやって踊ったり、あとは音楽を聞いたり、走ったりしていました。走るときはどれぐらい走ると目標を立てるのではなくて、気の向くままに走って気分転換していました。

内田さん

リスニング

２年の終わりぐらいから始めていた英語のリスニングですね。このころには初めて見るアニメでもかなり意味がわかるようになっていたので、勉強時間じゃなくて息抜きで見るぐらいでした。

あとはマンガを読んだり、プールにも行きました。夏休みは勉強に集中と思っていたので、外に遊びに行ったりはあまりしませんでした。

鈴木くん

お風呂で歌う

実成さん

テレビを見たり、お風呂に入ったり。とくにお風呂に入ったときに思いきり歌うのがいいストレス発散法でした。なにを歌っていたかは秘密です（笑）。そうやってしょっちゅうお風呂でストレスを解消していたので、例えば旅行に行って長期間息抜きをしたり、外に１日遊びに行くぞ！　みたいなことをしなくても大丈夫でした。

テレビ

石橋さん

テレビが好きなので、見たい番組があると、そこで勉強をやめて１～２時間テレビを見て、ということをしていました。その間は勉強のことを忘れてテレビを楽しみます。そのためにその前やそのあとの勉強を頑張っていました。

勉強ばかりだと飽きてしまって集中力も途切れるので、自分の好きなことをするのも大事だと思います。

バスケットボール

身体を動かす機会がないので、時間がとれたときはバスケをしたり、友だちと遊んだりしていました。バスケは１人のときもあるし、友だちを誘ってやるときもありました。１人でも家の前や中学校、公園でやっていましたね。公園でやるときは１～２時間。それぐらいやった方が気持ち的にリフレッシュできるし、そのあとパッと切り替えられました。

小澤くん

先輩からのメッセージ

受験直前はいろいろと焦ってしまいます。私自身は夏休みが１番勉強したと思います。高校が決まったときには夏休みにやっておいてよかったな、と思えるので頑張ってください。

石橋さん

英語の長文が苦手な人は、早い段階から取り組んでおきましょう。ぼくの場合は長文でしたが、苦手を放っておくと、ほかの分野の時間まで削られることになるので要注意です！

落合くん

じっくりと取り組める夏休みに、苦手な部分を潰していくのがいいと思います。中１からやってきたことを通して見てみて、苦手なところを見つけたらチェックするようにしましょう。

鈴木くん

休息や睡眠を勉強の二の次にするのはやめましょう。受験本番も朝からですし、夜早めに寝て、朝早く起きるというリズムに、いまから慣れるのもいいと思います。

諸岡さん

受験勉強中、とくに数学で点数が伸びなくて悩んだ時期がありました。でも演習を重ねていくと、色々な気づきが出てきて、できるようになる日が来るので、諦めずに頑張ってください。

実成さん

志望校が決まっていなければ学校見学に行ってみましょう。具体的なイメージがつかめると、志望校も絞りやすくなるし、そうすると勉強のモチベーションにもつながってきます。

君和田くん

受験勉強中は、つらいことや心が折れそうになることもあると思います。そこで諦めたら思い描いていたことが叶わないですよね。だから、最後まで自分を信じて努力してみましょう！

内田さん

少しずつでも継続していけば、最後に積みあがる量は多くなります。例え毎日じゃなくて、週に５日だったとしても、積み重ねたものが受験当日の力になるので、継続していきましょう。

山本くん

勉強しなさ過ぎると後悔しますが、勉強しかしないのも大変です。部活動がある人は部活動をして、たまには友だちと遊ぶなど、１つのことだけにならないようにしてみましょう。

塩崎さん

夏休みは大切ですが、受験勉強はこのあとも続きます。だから気合を入れ過ぎるとあとからつらくなるかもしれません。夏休みの間は趣味の時間など入れながら進めてみるのもいいのでは。

塩見くん

まずは勉強を好きになりましょう。いまは苦手な教科も絶対克服できるし、模試でいい結果が出なくても、受験直前に逆転できることもあります。きっと諦めなくてよかったと思えます。

真鍋さん

夏休みは大切な時間です。ここでやっておけば、直前になって「あのとき…」とならなくて済みます。途中で長いな～と思うこともあるかもしれませんが、こらえてやり続けましょう。

小澤くん

帝京高等学校

国公立大学・難関私大を目指す「特進クラス」がスタートしています。

中高一貫生との混合クラス

帝京高等学校では、1年次より生徒一人ひとりが夢や進路に合わせて、「文理コース」「インターナショナルコース」「アスリートコース」に分かれて学習を行います。

もちろん、どのコースも充実した教育内容を誇るコース編成になっていますが、より志の高い生徒を全力でサポートするため、2013年度より一般入試で国公立大学や難関私立大学に合格することを目標に掲げた「文理コース特進クラス」をスタートさせています。

このクラスでは、1クラス30名を目安とした少人数で、中学からの内部進学生と高校から入学した生徒の混合クラスを編成します。カリキュラムに違いはありませんが、数学だけは内部進学生が先取りを行っているため、クラスを分け、異なる学習内容でスタートすることになります。

充実したカリキュラム

月～土曜日までの必修授業は1年次では週40時間。文系・理系の選択が決まっていない1年次は、英語、数学、国語を重点的に鍛えていきます。大学入試で合否のカギとなる英語は習熟度別にクラスを分けて週8時間実施します。数学は週6時間の授業が行われますが、高校入学生はそれに加えて週2時間の演習授業を受けることが義務づけられているため、週8時間が数学に費やされます。週5時間の授業を行う国語は、現代文では論理的な読解力と語彙《ごい》力の育成に努めて評論文に対応する力を養い、古典では補助教材を多用して文法力と単語力を鍛えます。

2年次には文系・理系に分かれ、目標とする大学受験に向けた選択科目を確定し、そこから各自が必要とする科目に集中的に学習時間を振り分けていきます。例えば、日本史で受験をする生徒の場合には、2年次に週5時間、3年次に週7時間の授業が組み込まれているため、入試問題の解説に十分な時間をかけることができます。

英数国を中心に、受験教科に十分な時間をとったカリキュラムとハイレベルな授業内容で、3年後には国公立大学や難関私立大学への現役合格を実現させていきます。

説明会日程		体験入学	蜂桜祭（文化祭）
9月7日（土）13:30～	10月27日（日）11:00～	8月24日（土）・25日（日）	10月5日（土）・6日（日）
9月21日（土）13:30～	11月2日（土）13:30～	9:10～13:00	9:00～15:00
10月12日（土）13:30～	11月17日（日）11:00～		
	11月30日（土）13:30～		

〒173-8555　東京都板橋区稲荷台27-1
03-3963-4711

学校生活における最優先事項は勉強

このクラスでは学習を生徒任せにすることはありません。むしろ、教員がしっかりとレールを敷いていきます。今、やるべきことを示し、学習のペースが落ちることがないようマネージメントすることで、すべての生徒が、そのレールの上を走り続ければ学習効果が上がり、それに伴って自信が芽生え、さらなる意欲につながるように、指導していきます。

入学した当初から毎週、学習予定表を提出させ、最低勉強時間を守らせるようにしていきます。学校生活においての最優先事項は勉強であることを理解してもらい、例えば大学受験の要となる英語については、毎朝ホームルームの中で英単語テストを行います。授業ごとに課題の提出があり、ほとんど毎回の授業で本文暗写テストや文法事項の100問テストなどの確認テストを行っています。この確認テストは合格するまで再テストが課せられ、また英文法は夏までに教科書を終了するハイペースで授業が進んでいきます。

■文理コース特進クラス１年次時間割例

	Mon.	Tue.	Wed.	Thu.	Fri.	Sat.
1	HR	C英語Ⅰ	C英語Ⅰ	C英語Ⅰ	C英語Ⅰ	C英語Ⅰ
2	総合学習	英語表現Ⅰ	英語表現Ⅰ	英語表現Ⅰ	数学A	数学A
3	数学Ⅰ	数学Ⅰ	数学Ⅰ	数学Ⅰ	数学演習	数学演習
4	国語総合	国語総合	国語総合	国語総合	国語総合	国語総合
5	世界史A	世界史A	現代社会	現代社会	家庭基礎	
6	物理基礎	物理基礎	生物基礎	生物基礎	保健	
7	化学基礎	化学基礎	社会と情報	社会と情報	体育	
8	体育	（英語補習）	（英語補習）			

これは他教科についても同様で、国語でも毎週、漢字テスト、古語テストがあり、これも合格するまで再テストが課されます。数学でも単元ごとに合格が義務づけられた小テストがあり、高校2年次までに教科書が終了するハイペースで授業が進んでいきます。

ただ、特筆すべきは、こういった指導についてこられない生徒が一人もでていないということです。現在の特進クラス23名の中には、日々の学習が大変だと感じている生徒もいるでしょう。その生徒をクラスの仲間が引っ張りあげようと働きかけている、そこには我関せずといった無関心も、排除の論理も見当たりません。現在、一期生の平均学習時間は平日3時間30分、休日5時間となっています。その中には平日6時間、休日10時間という生徒もいますが、それよりも、すべての生徒が最低勉強時間を守り、毎日の授業に積極的に参加し、課題や小テストに真剣に取り組んでいることに喜びを感じています。

親身になって 生徒一人ひとりをサポート

帝京高等学校の創立者は「努力は実力を生み、実力は自信を養い、自信は興味を倍加する」という言葉を残しています。努力をうながすために、このクラスに関わるすべての教員が生徒一人ひとりと向き合い、それぞれの立場から親身に、きめ細かくサポートしていきます。

このクラスの特徴の一つとして少数の生徒に多くの教員が関わるということが挙げられます。例えば英語であれば、1年次の「コミュニケーション英語Ⅰ」「英語表現」をそれぞれ習熟度別に2クラスに分け、さらに8時間目の英語補習として英検2級対策を行っています。一期生23人に5人の英語教員が関わっていることになり、これは、いつでもわからない箇所を質問できる、相談できるという効果にもつながっています。定期的に行われる会議ではそれぞれの授業における生徒の取り組みや、学習の到達状況などの情報が共有されていきます。

この体制は、特進クラス独自の取り組みである夏期授業でも同様です。今年の夏期休暇中には前期、後期を合わせて24日の授業が組まれていますが、そこに携わる教員は英語が6人、数学が8人、国語が5人と、まさに帝京高等学校が持つマンパワーのほとんどすべてを注ぎ込んで生徒の育成にあたります。

平成25年度入試　特待資格生徒

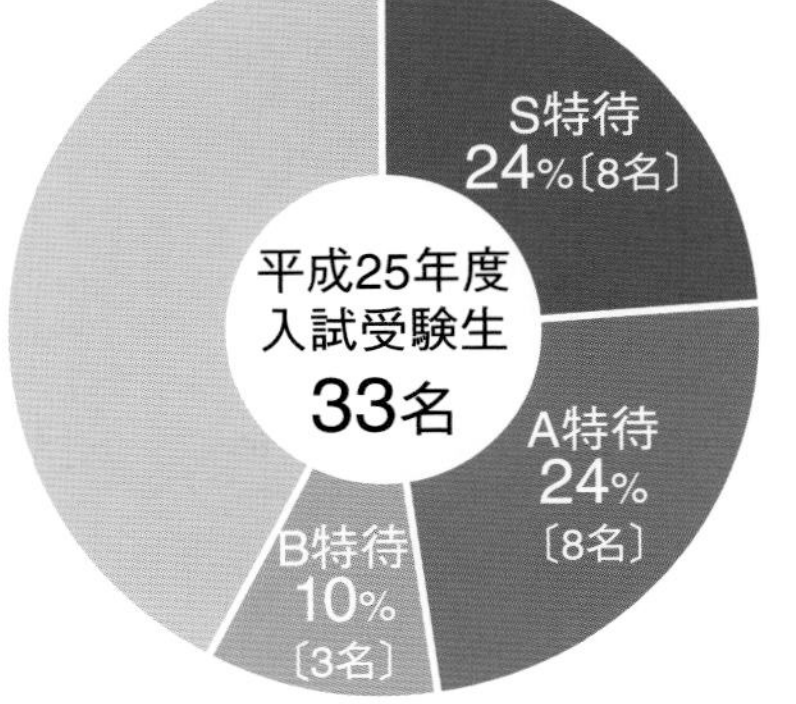

充実した内容の特待生制度を実施

特進クラスには他のコースと異なる独自の奨学生制度も設けられています。この制度には人数制限がなく、定められた基準に達した生徒全員に適用されます。また、S特待以外は中学の成績で判断するため、特待生を担保して入試に臨むことができます。

もちろん、1年次に特待生でなかった生徒も、1年間の学習を通して優秀であると認められれば2年次から特待生になる道も用意されています。しっかりと目標を定めて、一生懸命努力している生徒を、様々な形でサポートしていき、目標を単に目標のままで終わらせない進路実現を目指していきます。

B特待	中学３年の１学期または２学期の成績で判断します
	授業料免除　入学金の半額を免除
A特待	中学３年の１学期または２学期の成績で判断します
	授業料免除　入学金の全額を免除
S特待	中学３年の１学期または２学期の成績、かつ推薦入試、一般入試の得点で総合的に判断します。
	授業料免除　入学金の金額を免除　施設費（年度払い）を免除　維持費（月払い）を免除

第54回
自然科学観察コンクール

動・植物の生態・生長記録、鉱物、地質、天文、気象の観察など、自由なテーマでの作品募集を毎年行っている自然科学観察コンクール、通称「シゼコン」。応募作品は1点ずつ審査し、すべてに評価とアドバイスが添えられる。個人のほか、グループやクラス単位でも応募できるので、友だちと力を合わせて研究するのもいいね。

主　催：毎日新聞社　自然科学観察研究会
応募形式：ノート、ファイル、もぞう紙、模型、標本、実験器具、パネルなど自由
締　切：2013年10月31日(木)〔消印有効〕
賞　与：賞状、顕微鏡やカメラなどの副賞
受賞作品例：「ドジョウ飼育と水耕栽培IV-ドジョウも野菜も美味しい!-」「過齢幼虫の誘起要因に関する研究(アゲハ編)」「岩黒島の岩石の研究(III)～黒浜のなぞ～」など

第57回
日本学生科学賞

日本で最も歴史のある中学生・高校生向けの科学自由研究コンクール。毎年全国から3000点以上の応募があり、地方審査、中央予備審査、中央最終審査と3段階の審査がある。研究の内容は物理、化学、生物、地学、広領域、情報技術の6分野から選べるので、自分の得意な分野を活かすことができる。

主　催：読売新聞社
応募形式：研究レポート(5000～8000字程度)
締　切：9～11月(地域により異なる)
賞　与：楯と入賞者の在籍校に研究奨励金
受賞作品例：「地震によって起こる建物のゆれを減らす方法PartⅢ」「有孔虫化石の研究ー上総層群の地層と堆積環境ー」「イラストロジックを速く、簡単に解く：Illacike」など

野依科学奨励賞

博物館めぐりが好きな人にぴったりのコンクール。博物館を10回利用し「博物館の達人」に応募することで挑戦できる。博物館の展示などを通して学習を進め、自然や科学技術について調べた成果を小論文にして応募しよう。受賞者にはノーベル化学賞を受賞した野依良治博士より賞状と記念品の授与があるよ。

主　催：国立科学博物館
応募形式：博物館の学習記録10回分、感想文、小論文
締　切：2013年11月30日(土)〔必着〕
賞　与：賞状と記念品
受賞作品例：「流山市テントウムシ観察記録２」「縄文時代における鉱物利用の研究PART4 高師小僧の変身は謎だらけ」「クローバーの栽培実験No.４～多葉の遺伝株は存在するのか～」など

夏休みにやってみよう 自由研究のススメ

長い夏休みは、普段できないことをやるのにもってこいの時間です。そこで今回オススメするのは自由研究です。この機会に、日ごろ、不思議に思っていることを解明してみませんか？ でも、ただ研究するだけじゃもったいない。せっかく研究するならコンクールに応募してみましょう。隠れていたキミの才能が発掘されるかもしれないよ！

第57回全国学芸
サイエンスコンクール

今年で第57回を迎える歴史あるコンクール。サイエンスジャンルのほかに学芸ジャンルもあり（アート・文芸Ⅰ・文芸Ⅱ・環境の各分野)、昨年度の応募点数は10万点を超える。サイエンスジャンルは理科系、社会科系２つの系統で作品を募集。優秀作品には、内閣総理大臣賞や文部科学大臣賞など、協賛企業、団体より各種賞が送られる。

主　催：旺文社
応募形式：レポート用紙、400字詰原稿用紙、もぞう紙などを使用。枚数規定なし。
応募期限：2013年9月26日(木)〔消印有効〕
賞　与：賞状、賞杯、楯、奨学金など
受賞作品例：「バイオエタノール研究VOL.3　酵素や菌で糖化して作るバイオエタノール」「久山町研究について」「東日本大震災と向き合う被災者の声」など

第23回
夏休み昆虫研究大賞

昆虫を通して自然に親しみ、また、次代の昆虫愛好家・昆虫研究者を育成するために日本昆虫協会が主催する昆虫コンテスト。昆虫に関するものなら、テーマ・内容は自由。多数の昆虫専門家の厳正な審査が行われる。また、入賞作品には専門家ならではの、適切かつ親切なアドバイスも。昆虫に対する熱い思いと成果を、思いっきりぶつけよう。

主　催：日本昆虫協会
募集作品：昆虫の標本(レポート添付)、昆虫に関する研究論文、昆虫をテーマにした文学作品(ルポタージュ・小説・エッセイ・詩・短歌・俳句など)・美術作品(絵画・彫刻・工芸作品・写真・映像音響作品
応募期限：2013年10月5日(土)〔必着〕
賞　与：表彰状、副賞、参加賞
受賞作品例：「蚕の研究パートVヤママユ編」「隠れ忍者ナナフシ4～卵の断面図～」など

朝永振一郎記念「科学の芽」賞

筑波大学にゆかりのあるノーベル物理学賞を受賞した朝永振一郎博士の功績を称え、それを後続の若い世代に伝えるとともに、小中高生を対象に科学への関心と芽を育てることを目的としている。自然現象の不思議を発見し、観察・実験して考えたことをまとめる。「小学生」「中学生」「高校生」の年代別の部門に分かれて公募されている。

主　催：筑波大学
応募形式：レポート用紙A4判10枚以内
応募期間：2013年８月20日(火)～9月30日(月)〔消印有効〕
賞　与：賞状と記念品、応募者全員に記念品
受賞作品例：[中学生部門]「ゲル化に関する研究」「アサガオ～モーニングブルーの謎に挑むPartⅡ～」「生分解性プラスチックの研究Part2」「ダンゴムシの交替性転向反応に関する研究」など

小田原白梅ライオンズクラブ・早稲田大学科学コンテスト

早稲田大学の先生に指導を仰ぐことができる！

小田原高校　鈴木秀幸　教頭先生

　白梅科学コンテストは、早稲田大の理工学部とライオンズクラブが共同で行い、本校が共催という形で行われている科学賞です。今年で6回目になります。おもに神奈川県の県西地区の中学生と、全県の高校生を対象としています。自然科学をテーマとして、物理・化学・地学・生物と全範囲におよびます。

　大きな特徴は、ただコンテストに研究作品を応募するのではなく、早稲田大で実際に研究を行っている教授や大学院生の方といっしょに自分の研究を進めていくことができるという点です。

　第1ステップとして、早稲田大の先生方の講演会があり、そこで、この賞に関する質問などができます。また、実際に早稲田大の研究室を見学することができます。

　第2ステップでは、実際に研究をしていきます。参加申し込みはwebで行います。ここで自分の研究を指導してくれる教授や院生を紹介され、Eメールを使って、研究のアドバイスをもらったり、研究手法や、考え方、論文のまとめ方などを学ぶことができるのです。そうして、研究を論文の形にまとめ、提出期限までに提出します。

　第3ステップが科学コンテストです。提出後、1次選考があり、それを通過すると、12月にある発表会で、自分の研究を発表します。そこでの発表のやり方や資料のまとめ方、プレゼンテーションの方法などもいっしょに学んでいきます。

　今年度の受賞者には、早稲田大の研究施設への招待旅行が贈られます。大学教授や大学院生の方が研究討議する場に参加することで、その雰囲気を味わえますし、自分の研究についてアドバイスをもらうことができる貴重な機会となっています。

主　　催：小田原白梅ライオンズクラブ・早稲田大学科学コンテスト運営委員会
共　　催：小田原高等学校
後　　援：神奈川県、神奈川県教育委員会、小田原市、小田原市教育委員会
応募形式：中学の部：研究内容をA4の紙で5枚以内の論文にまとめて提出、高校の部：研究内容をA4の紙で10枚以内の論文にまとめて提出　※図表、標本、模型など映像のメールやCD-ROMでの提出可
締　　切：平成25年9月30日（月）
賞　　与：早稲田大学川奈セミナーハウスへご招待
受賞作品例：「南足柄の観察路で見つけたチョウの観察～蛹になるときの秘密を探る～」「さしすせその研究」

詳細は下記HPよりご確認ください。
http://odawara.oishi.info.waseda.ac.jp/

第72回全日本学生児童発明くふう展

　「こんな道具があったらも便利だな」「こんなものがあったら楽しいだろうな」というアイデアにあふれたひらめきタイプの人におすすめのコンクールがこちら。思いついたアイデアを作品にして、発明工夫する楽しさと、創作する喜びを感じてみよう。優秀作品は科学技術館で展示もされるので、多くの人に作品を見てもらえるよ。

主　　催：公益社団法人発明協会
応募形式：たて・よこ・高さ各1m以内、重量20kg以内の作品
締　　切：毎年9～10月頃（都道府県により異なる）
賞　　与：賞状、賞品
受賞作品例：「ポリバケツの回転式生ごみコンポスト」「演奏する鉛筆」「スッキリ!!引き出し」「浮き浮きチェアカバー」など

第12回 全国こども科学映像祭

　自然、環境、数理、社会など、生活のなかにある科学（理科）をテーマとし、観察・実験を通して考察したことや、原理について分析したものなどを記録した映像を作品とする科学のビデオコンクール。2002年から始まり、今年で12回目。HPでは実際の受賞作品の映像を見ることができる。

主　　催：一般財団法人日本視聴覚教育協会、公益財団法人つくば科学万博記念財団、独立行政法人科学技術振興機構、公益財団法人ニューテクノロジー振興財団
応募形式：DVD-Video、Blu-ray、Mini-DV、PC用動画ファイルなど
上映時間：3分以上10分以内
応募期限：2014年1月9日（木）〔必着〕
賞　　与：賞状、楯、副賞
受賞作品例：「壁を登る動物の研究Ⅱくっつくけどもはがれやすい粘着の秘密を探る」など

私たちの身のまわりの環境地図作品展

　身の回りの環境について自分で調査・観察・考えたことを地図にするというユニークなコンテスト。今年で23回を数え、近年では国内だけでなくフィリピンや中国からも応募がある。自分でテーマを考えて作成する「自由テーマ」と、毎年指定される「指定テーマ」があり、どちらでも応募が可能。ちなみに今年のテーマは「防災」。

主　　催：環境地図教育研究会
応募形式：模造紙（788×1091ミリ）以内
応募期限：2013年9月18日（水）〔当日必着〕
指定テーマ：「防災」
賞　　与：各種賞あり
受賞作品例：「釧路石炭マップⅡ～歴史編～」「忘れない3.11防災と生きる」「自然いっぱい!!　春採湖」「道端の花ー家から駅まで9年間の変化ー」など

コンクール受賞者インタビュー●

緻密な観察記録をいしずえに未来のテントウムシの姿を予想

野依科学奨励賞

黒田《くろだ》　真《まこと》さん

平成24年度野依科学奨励賞受賞
流山市立八木中学校3年生

テントウムシを100匹集めて観察

――どんな研究で受賞されましたか。

「『流山市テントウムシ観察記録2』という題で、千葉県流山市に生息しているナミテントウという種類のテントウムシを観察しました。ナミテントウの模様にはさまざまな種類があり、自分の住んでいる地域のテントウムシの模様を観察して、その結果から模様がどのように変化していったのかを考え、さらに未来のテントウムシの姿を予想しました。」

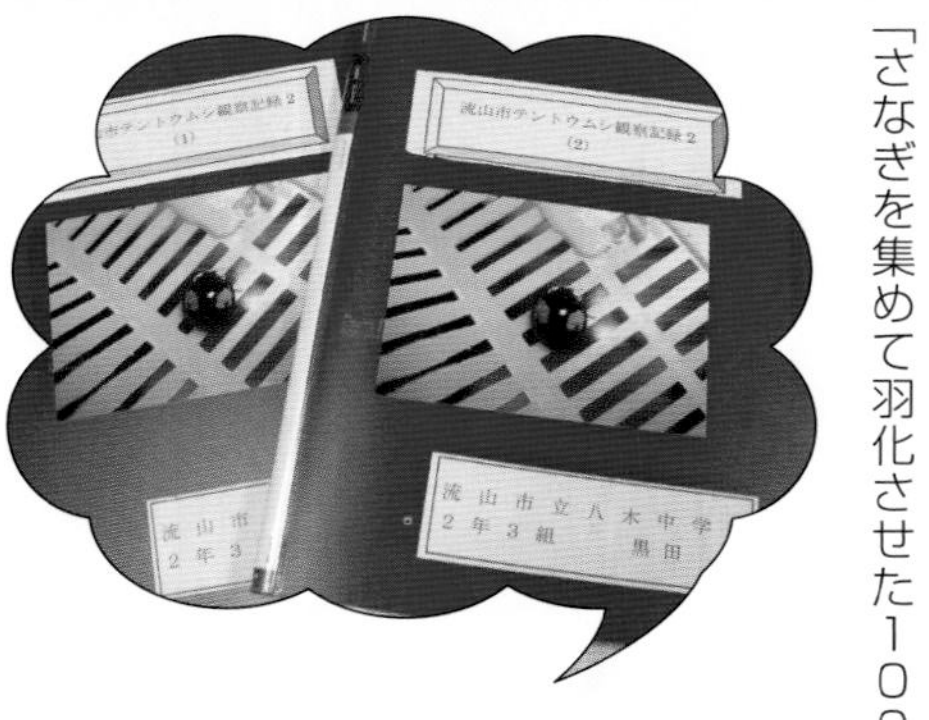

ファイル2冊にまとめられたテントウムシの研究

――どのように研究を進めましたか。

「さなぎを集めて羽化させた100匹のテントウムシの模様を絵に描いて記録しました。観察の結果からわかったことをまとめるのは大変でしたが、観察記録を見比べて模様の違いを比較したり、斑紋型という珍しい模様のテントウムシが羽化したのを見られたことが楽しかったです。」

――手書きでまとめられていますね。

「清書をするのは夏休みからなんですが、それまでの作業は夏休み前からやっていることが多いです。」

――テントウムシを研究の題材に選んだ理由はなんですか。

「昆虫が好きで、小学生のころから自分で昆虫図鑑を作ったりしていました。小4のときにテントウムシのさなぎを見つけたことをきっかけに、テントウムシに興味を持って研究を始めました。中1からは毎年100匹観察しています。」

――野依科学奨励賞に応募したきっかけはなんですか。

「この研究を千葉県生物学会の研究発表大会で発表した際に応募をすすめられました。」

――受賞したときの気持ちは。

「とても嬉しかったです。そして、全国規模のコンクールで受賞できたことに驚きました。」

緻密なスケッチと丁寧な考察が目を引きます

――表彰式の様子はいかがでしたか。

「表彰式は3月に国立科学博物館でありました。ノーベル化学賞の野依良治博士から賞状と記念品の授与があり、緊張しましたが、嬉しかったです。式の後には交流会があり、受賞者は1人ひとり野依博士とお話ができました。自分の研究について説明をして、質問に答えたりしました。ノーベル賞を受賞された方と会えるなんてこれから先にも多分ないのではないかと思うので、貴重な体験ができてとても嬉しかったです。」

――今後はどんなことを研究したいと思っていますか。

「来年もテントウムシの観察をしたいです。そして、テントウムシの体がなぜ半円球の形をしているのかということを課題の1つにして研究をしていきたいと思います。」

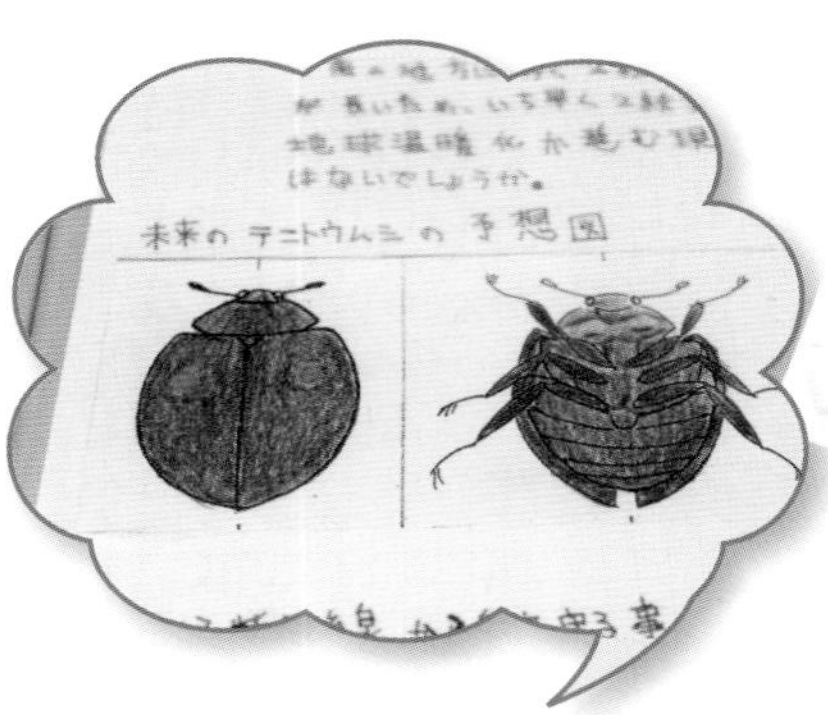

黒田さんの予想した未来のテントウムシ

トウダイデイズ

現役東大生が東大での日々と受験に役立つ勉強のコツをお伝えします。

Vol.005

東大のオープンキャンパスについて

text by 平(ひら)

こんにちは。この時期はひたすら暑いですね。幸運なことに東大の夏学期の授業もテストぐらいしか残っていません。

東大の前期教養課程の期末テストはいたってふつうのペーパーテストです。学期末の２週間ほどで、各科目のテストが行われます。

中高までとの違いと言えば、容赦なく「不可」がつくことです。東大では進級しようがしまいが自己責任なので、まったく勉強しないと留年してしまいます。クラスにだいたいひとりは留年してしまう学生がいるのですが、これでは１年間浪人するのと同じなので、ふだんのんきな学生もテスト前は気合を入れて勉強しています。

期末テストを乗り越えると夏休みです。８月と９月の２ヶ月間は丸々夏休みなので、小学生より長いです。宿題もとくに出ないので、多くの学生はサークル活動に打ち込んだり、旅行に行ったりと、夏を満喫しています。

さて、夏休みを返上して勉強するであろう受験生のみなさんに夏休みの話をこれ以上しても仕方ないでしょうから、ここからは東大のオープンキャンパスについてお話しします。

東大のオープンキャンパスは例年８月に行われます。毎年来場者があまりに多いため参加するには申し込みが必要で、対象は高校生以上となります。

東大には２大キャンパスとして、入学後にまず通うことになる駒場キャンパスと、有名な名所も多い本郷キャンパスがあります。いまはまだオープンキャンパスに参加できない中学生のみなさんのために、今回は本郷キャンパスについて紹介します。

地下鉄丸ノ内線本郷三丁目駅の改札を出て右折し、広い通りを左折してまっすぐ進んでいくと、右手にレンガ造りの歴史のありそうな塀が見えてきます。そこをさらに進むと、有名な「赤門」が見えてきます。重要文化財に指定されるだけあって立派な門なのですが、写真撮影をする人が多いほかはいたってふつうの門です。うっかり触ってしまうと赤い色がつくこともあるので注意が必要です。

そこからなかへ入りまっすぐ進むと、少し開けたところに出ます。左に曲がると、東大の合格発表が行われる場所へ来ます。みなさんも何年後かに合格発表を見に来るかもしれませんが、ここもふだんはふつうの場所です。右に行くと「三四郎池」と呼ばれる大きな池があります。木々が茂り、この季節でも涼やかです。

そのまま建物の方へ進んでいくと、銀杏並木に出ます。右を見ればこれもまた有名な「安田講堂」があります。いまは耐震補強工事中なのでなかに入れませんが、地下には食堂があり、すぐ近くに生協もあるので、腹ごしらえをして、お土産を買う、という楽しみ方もあります。

今回すべての施設を紹介することはできませんでしたが、本郷キャンパスの建物はどれも風格のある重厚な造りです。ぜひ一度訪れてその歴史を味わってみてください。

「自由」の意味を理解し 自ら考え、学ぶ生徒に

CHUO UNIVERSITY

中央大学附属高等学校

東京都
小金井市
共学校

「自由」な校風が特徴の中央大学附属高等学校。今春から附属中学の生徒が高校に進学し、内進生と高入生による混合教育がスタートしました。図書館を授業で使う「調べ学習」など特色ある教育プログラムが展開されています。

小杉《こすぎ》 末吉《すえきち》 校長先生

「自主・自治・自律」と自由な校風が特徴

中央大学附属高等学校（以下、中大附属高）は、１９０９年（明治42年）に設立された目白中学校を前身とします。その後、１９５１年（昭和26年）に東京都杉並区で学校法人杉並高等学校が設立されました。その翌年に学校法人中央大学に合併され、校名が中央大学杉並高等学校へと変更されました。

さらに１９６３年（昭和38年）に

現在地に移転し、校名も現在の中央大学附属高等学校になりました。もとは男子校でしたが、2001年（平成13年）に男女共学がスタートし、2010年（平成22年）には中学校（男女共学）が開校しています。

現在、杉並の地にある中央大学杉並高等学校は、中大附属高が移転したあとに新しくできた学校です。

中大附属高では、中央大学の学風「質実剛健」を基盤に、「明るく、強く、正しく」の校訓が掲げられています。そして、知育・徳育・体育の3つのバランスを考えた教育活動が展開され、高い知性と豊かな感性を持つ、心身ともに健康な、社会有為の人材育成がめざされています。

小杉末吉校長先生は「本校は『自由』を大切にした校風が特色です。制服もありません。ただし、教育目標として『自主・自治・自律』を掲げています。『自由』とは勝手気ままなということではありません。教科活動や部活動のなかで基本の意味を考えさせ、そのことに生徒自ら気づいてもらうという姿勢で教員は接しています」と話されました。

内進生が加わり カリキュラムも改編

中大附属高には、2013年度より、附属中学校から進学してくる内進生が加わりました。中大附属高での実質的な中高一貫教育がスタートしたことになります。

1年生は4月の下旬に、2泊3日のオリエンテーション合宿に出かけます。内進生と高入生がいっしょになって、寝食をともにし、ホームルーム活動やスポーツ大会を通して親睦を深めます。こうして、中高一貫生と高入生が切磋琢磨していく3年間が始まります。

カリキュラムも改編されました。1年次は内進生と高入生は別クラス編成です。2年次からは、内進生と高入生がいっしょになり、「文理系クラス」と「文系クラス」に分かれます。

3年次には「理系（中大）クラス」・「文系（中大）クラス」と「理系（他大）クラス」・「文系（他大）クラス」に分かれる予定です。

「来年度の2年次がどのようなクラス分けになるか、はっきりとは決定していませんが、基本となるプログラムはできています。2年次でのクラス分けは、大学附属校でもありますので、厳しく分けるのではなくゆるやかな文・理分けを実施しようと考えています。『文理系』の方が理系科目が少し増えることになります。基本的には『文理系』も『文系』も、なるべく全科目を学ばせたいという考えです。

そして、3年次で文・理がしっかりと分かれます。ですから、将来的に理系へ進みたいと考えている場合には、2年次に『文理系』に進む必要があります。もちろん、『文理系』から3年次に文系に進むことも可能です。」（小杉校長先生）

読解力や思考力を磨く 多彩な学習プログラム

中大附属高では、特色ある学習プログラムを展開しています。そのいくつかをご紹介しましょう。

まず国語では「課題図書」として、3年をかけて100冊の本を読むことがすすめられています。生徒には各定期試験や長期の休みに入る

宿泊研修

研究旅行

オリエンテーション合宿

英国短期語学研修

毎年夏休みに30名でイギリスを訪れる短期語学研修。期間は3週間で、ホームステイを行います。また、中大附属高では、修学旅行の代わりに希望制の自由研究旅行があります。行き先は国内・外で5～6コース用意されています。

施　設

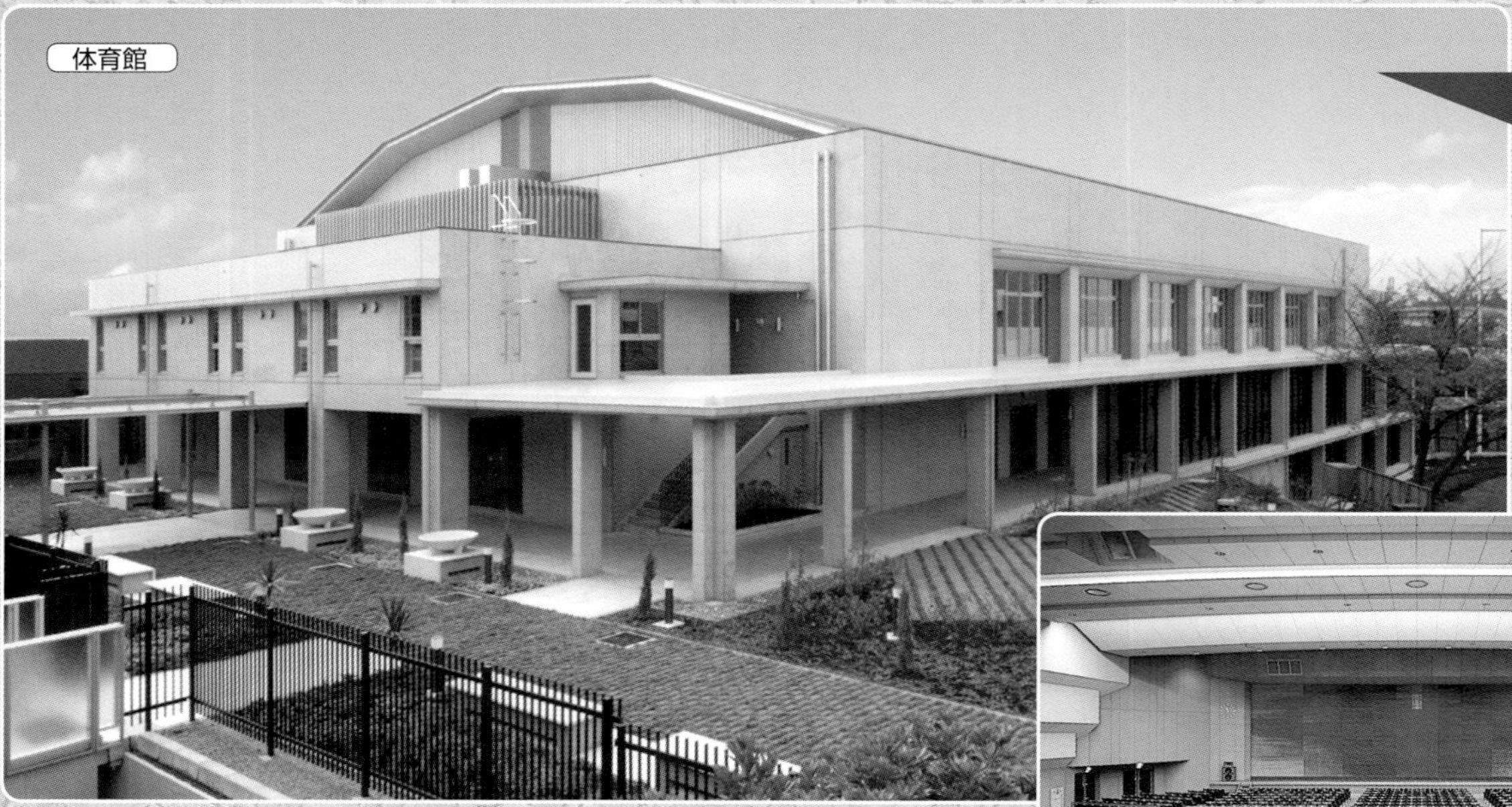

体育館

講　堂

図書館

パソコン教室

学　校　生　活

部活動

白門祭（文化祭）

前に、4~5冊の本が指定されます。読書の習慣をつけることで、読解力や思考力が養われていくのです。国語表現の授業では、3年生の2学期に800字以上の論文を書くことが課されています。

そして、「調べ学習」では図書館を利用した授業が行われています。中大附属高の図書館は、16万冊の蔵書があり、調査研究に対応できるあらゆる分野の図書・資料が収集されています。80台用意されているPCで、所蔵資料の検索やオンラインデータベースが利用できます。

また、修学旅行の代わりに「自由研究旅行」が実施されています。長期の休みなどを利用して、国内・国外の5~6コースが用意されます。希望制ですが、半数以上の生徒が参加しています。

「各コースでは、現地の事前研究をします。それが調べ学習につながっています。国外の場合は、普通の海外修学旅行では行かないような、トルコ、チュニジア、カンボジアなどを訪れます。」(小杉校長先生)

4つの力を高める 特色ある英語の授業

英語の授業にも特色があります。「総合英語」と「プロジェクト・イン・イングリッシュ」の2科目がそれです。

「総合英語」ではテキストを中心として、言葉の仕組みを知り、技能を伸ばすことが目標とされています。「プロジェクト・イン・イングリッシュ」は、ネイティブスピーカーの教諭といっしょに生の英語を道具として使う学習です。

こうした知識と実践が融合されたスパイラル学習を通して、「読む・書く・聞く・話す」の4技能をバランスよく高めることがめざされています。

「本校では英語でエッセイを書くということをしてきました。国語の作文といっしょに、優秀作品は『蒼穹《そうきゅう》』という冊子に掲載しています。新たに検討しているのは、中学で行っている『プロジェクト・イン・サイエンス』を高校にも継続させたいということです。本校の理科実験室は、物理・化学・生物とそれぞれに2つずつ設備があります。充実した環境が整っていますので、実験を通じて科学への興味関心を呼び起こそうという計画です。」(小杉校長先生)

95%の生徒が進学できる 中央大への推薦枠

中大附属高の中央大への推薦枠は3年生全体の95%とされ、各学部・学科別に進学できる人数が決められています。例年、中央大へは約90%の生徒が進学し、残りの10%が他大学へ進学しています。

「推薦基準は、高校3年間の定期テストの積み上げと3回実施される実力テストの総合点です。3年次の定期テストの成績は2倍掛けになっています。3年次の2学期の終わりに総合席次が出ます。その席次の高い生徒から学部・学科を選択していきます。他大学受験の場合、国公立大や中大にない学部を受験する生徒のために、他大学併願受験制度があります。」(小杉校長先生)

中大附属高が小金井の現在地に移転してから50周年を迎えました。大学受験にしばられることなく、全人教育を実践できる私立大学附属高校の果たす役割は、今後も必要とされていくことでしょう。

「生徒には『学ぶ』ということの意味をもう一度考えてほしいと話しています。勉強し、学ぶことは忍耐力が必要です。では、なぜそうまでして学ぶのか。それは自分自身のためなのか、人のためなのか、あるいはもっと違うことのためなのか。そういうことを考えながら、本校の教育目標や校風、自由な雰囲気というものを身につけていってもらいたいと思います。自分でなにかを見つけて、解決していくという、積極的で前向きな姿勢を持った生徒さんをお待ちしています。」(小杉校長先生)

School Data

所在地 東京都小金井市貫井北町3-22-1

アクセス JR中央線「武蔵小金井」徒歩18分またはバス

生徒数 男子587名、女子557名

TEL 042-381-5413

URL http://www.hs.chuo-u.ac.jp/chuf/

3学期制　週6日制（土曜は1・2年午前中3時限、3年は原則自宅学習）　6時限　50分授業　1クラス約40名　9クラス(内進生4クラス・高入生5クラス、3年次は10クラス)

平成25年度（2013年度）大学合格実績（　）内は既卒

大学名	合格者	大学名	合格者
中央大推薦入学者内訳		横浜市立大	1(0)
法学部	137	国公立大合計	5(0)
経済学部	85	他大学合格者(私立大)	
商学部	109	早大	6(0)
理工学部	30	慶應大	3(0)
文学部	39	上智大	13(0)
総合政策学部	22	東京理科大	3(1)
計	422	青山学院大	1(1)
他大学合格者(国公立大)		法政大	1(1)
埼玉大	1(0)	明大	5(3)
東京外国語大	1(0)	立教大	3(0)
東京農工大	1(0)	その他私立大	43(21)
一橋大	1(0)	私立大合計	78(27)

女子校　東京都　西東京市

武蔵野《むさしの》女子《じょし》学院《がくいん》高等学校

キーワードは「国際化」「理系進学」「他大学進学」

仏教の心にふれ豊かな心を育む

武蔵野女子学院高等学校は、仏教主義による女子教育を理想に掲げ、1924年（大正13年）に創立されました。

教育理念でもある「5つの心」「感謝」「慈愛」「敬い」「許し」「詫び」を、人として生きていく基本とし、心を磨くことをなによりも重視しています。毎朝落ち着いて1日がスタートできるように、朝拝が行われるほか、週に1時間「生きることを自分に問いかける」宗教の時間が設定されており、豊かな心を育んでいます。

この「こころの教育」とともに大切にしているのが「希望進路を実現する教育」と「自然にふれあう教育」です。

生徒の希望進路を実現するために、万全の教育体制がとられています。その1つが、希望進路に沿ったコース制です。難関大学への進学を目標とする「進学コース」と難関大学の理系学部への進学をめざす「薬学理系コース」が用意されています。

「進学コース」の生徒は、高1のクラスは高入生のみで編成され、2年次以降、中入生といっしょになります。また、成績が一定基準を満たせば、希望により、より高いレベルに挑戦する「選抜コース（文系・文理系）」で学ぶことができます。

「薬学理系コース」では、高1の段階から理系に特化したクラスで、高1から中入生と同じクラスになります。薬学部を始め、医学部・獣医学部・理工学部などの受験に対応した指導が行われています。3年間クラス替えはなく、同じ目標を持った生徒と切磋琢磨していきます。

このほか、高1の英語・数学で少人数の習熟度別授業が行われ、7時間目にはそれぞれのコースで補習授業が設定されるなど、きめ細かい指導が行われています。

さらに、国際理解教育にも力を入れ、「短期留学」と「1年留学」の制度があります。1年留学はいままで約200名が利用し、その多くが上智大学や海外の大学へ進学しています。今年度からは「TOEIC対策」もスタートしています。

こうした綿密なカリキュラムと、生徒に寄り添った進路指導により、多くの生徒が自分の目標進路に進んでいます。系列の武蔵野大学への合格を確保しながら、難関大学へチャレンジができる優遇措置もあり、現役進学率は94%を超えています。

豊かな心を育みながら、緻密なプログラムのもと、生徒の進路実現に万全のサポート体制が整っている武蔵野女子学院高等学校です。

School Data

所在地	東京都西東京市新町1-1-20
生徒数	女子のみ652名
TEL	042-468-3256
アクセス	西武新宿線「田無」徒歩15分
URL	http://www.mj-net.ed.jp/

女子校　東京都　杉並区

女子《じょし》美《び》術《じゅつ》大《だい》学《がく》付《ふ》属《ぞく》高等学校

わが国の文化に貢献する有能な女性を育成

School Data

所在地	東京都杉並区和田 1-49-8
生徒数	592 名
TEL	03-5340-4541
アクセス	地下鉄丸ノ内線「東高円寺」徒歩８分
URL	http://www.joshibi.ac.jp/fuzoku/

美術を通して豊かな人間形成を図る

創立113年を超え、美術系の私学として最も古い歴史を持つ女子美術大学。その付属校である女子美術大学付属高等学校（以下、女子美）は、長い歴史のなかで美術を通した豊かな人間形成を行ってきました。

教育理念は、さまざまな学びを通して、深く考え、自ら問題を解決する能力を身につける「智の美」、豊かな時間のなかで自分らしさを発揮し、世界のなかで共生できる情操性を育む「心の美」、そして、夢を実現するために、専門的な美術教育を通して、確かな実技力を身につける「芸の美」の3つを柱とし、学校生活の「学び」のあらゆる場で1人ひとりの「生きる力」を育んでいます。

女子美では、「知性」が「感性」を支えるという考え方から、週6日制で一般教科にも力を入れながら、美術の授業を週6～10時間確保した独自のカリキュラムを用意しています。

1年次から中入生と高入生は同じクラスでスタートし、美術の基礎となる絵画やデザインを学びます。

2年次からは「絵画コース」と「デザインコース」に分かれ、美術の専門性を深め、表現の幅を広げていきます。

3年次は大学や短大での美術教育に対応できる力をさらに習得するとともに、学びの集大成として、テーマやコンセプトを熟考した質の高い卒業制作に取り組みます。

3年間のさまざまな課題を通して、単に技術を習得するのではなく、作る喜びや楽しさを学びます。その結果、進路実績では毎年約90％の生徒が美術系へと進んでいます。女子美術大学・短期大学やその他の美術系大学、専門学校や美術以外の分野にも、進路は多岐に渡ります。

自己表現力を育む学校行事

運動会や学園祭などの学校行事も盛んに行われ、生徒が自分に合った表現方法を見出しながら、積極的に行事に取り組む姿が見られます。運動会の応援合戦は企画構成から衣装まで、すべて生徒の手作りで行われる女子美の名物です。

多種多様な行事は、生徒の自己表現の場でもあり、将来社会に出たときに自己実現の場を求めていくためのキャリア教育にもつながっています。

特色ある校風を大切に、美術に重点をおいた幅広い学びで「知性と感性」を備えた個性を育てている、女子美術大学付属高等学校です。

開智高等学校

夢の実現に向けての第一歩を踏み出そう

難関大学合格実績に目を奪われがちな開智高校ですが、開智高校の最大の魅力は「多彩な学びのフィールド」にあります。今回はその一端を紹介します。

友と学び、共に高めあう「学びあい」

中学生・高校生になると毎日の生活の中でいろいろな問題にぶつかることが多くなります。それは勉強についてだけでなく、部活動や行事あるいは友人関係など、学校生活上の悩みからプライベートな悩みまで様々です。そのような問題に直面したとき、みなさんはどのような方法でそれを解決し、乗り越えていこうとしますか。自分一人でじっくり解決していくこともあると思いますが、多くの場合には友達や先輩、家族や先生などに相談し、何らかのアドバイスや励ましなどをもらうのではないでしょうか。もちろん最終的な解決・決断は自分でしなければなりませんが、そのプロセスでいろいろな人の意見や考えを聞くことによって、「そうか、そういうとらえ方もあるのか」「自分の考えとは全く違うけど、納得できるなあ」といったように、自分では思いつかなかったような考えに触れることができ、そのことが自分自身の考えや思いの幅を広げ、より良い解決に結びついたという経験もしてきたのではないでしょうか。

自分一人で考えを巡らすことができる範囲、発想できる範囲というのは、思いのほか小さいものです。そしてこのことはみなさんが生まれてから十数年しかたっていないことと無関係ではありません。

人間が考えられる範囲というのは、基本的にその人間の経験した範囲でしかなく、その経験（＝人生）はたった一つです。しかし、いろいろな人に相談したり、お互いに話をすることによって、他の人の

夏期学校説明会　予約不要　説明時間約90分

7月6日	土		13時30分～	・教育内容、学校生活、入試情報 ・質問コーナーを設け、個別の質問にお答えします。
8月3日	土	10時00分～	13時30分～	
8月24日	土		13時30分～	

入試説明会・個別相談日程

入試説明会　予約不要　所要時間約90分				個別相談　予約制
9月21日	土		13時30分～	10時00分～16時30分
9月28日	土		13時30分～	10時00分～16時30分
10月26日	土		13時30分～	10時00分～16時30分
11月2日	土	10時00分～		10時00分～16時30分
11月16日	土		13時30分～	10時00分～16時30分
11月23日	祝	10時00分～	13時30分～	10時00分～16時30分
12月14日	土	10時00分～		10時00分～16時30分

※個別相談はすべて予約制です。詳細は９月初旬以降開智学園高等部ＨＰをご参照ください。

平成25年 大学合格数

国公立大学（　）は現役		
大学名	合格者	高等部
東京大学	11(9)	1
京都大学	1(1)	1(1)
北海道大学	3(2)	1
東北大学	9(8)	5(4)
名古屋大学	3(3)	1(1)
筑波大学	14(13)	6(5)
千葉大学	6(5)	4(3)
お茶の水女子大学	4(4)	2(2)
電気通信大学	7(5)	3(2)
東京農工大学	6(5)	5(5)
横浜国立大学	15(14)	6(6)
埼玉大学	12(9)	10(7)
その他国公立大学	76(66)	30(24)
国公立大学合計	167(144)	75(60)

私立大学（　）は現役		
大学名	合格者	高等部
早稲田大学	132(113)	46(35)
慶応義塾大学	72(63)	21(15)
上智大学	45(39)	20(19)
東京理科大学	141(123)	39(33)
明治大学	155(134)	77(64)
立教大学	74(62)	40(31)
法政大学	76(62)	60(50)
中央大学	83(65)	62(47)
青山学院大学	38(32)	22(17)
学習院大学	35(30)	19(15)
計	851(723)	406(326)

国公立大・医学部医学科	19(17)	5(5)

※ 国公立大学には自治医大・防衛医大等を含む

経験を疑似体験することができます。この「経験を広げること」が開智高校での「学びあい」なのです。

数学や英語の問題を考えているときに、たとえ自分の「経験」からは答えにたどり着く道筋が見つけられなかったとしても、友人とともに学ぶことで道筋が見えてくるでしょう。逆に課題解決に悩んでいる友人を中心としてグループでその課題解決に取り組むことで、より良い解決策を見つけることができるのです。

社会に貢献する「人」になる

この「学びあい」の体験はみなさんが社会に出てからも絶大な威力を発揮していきます。

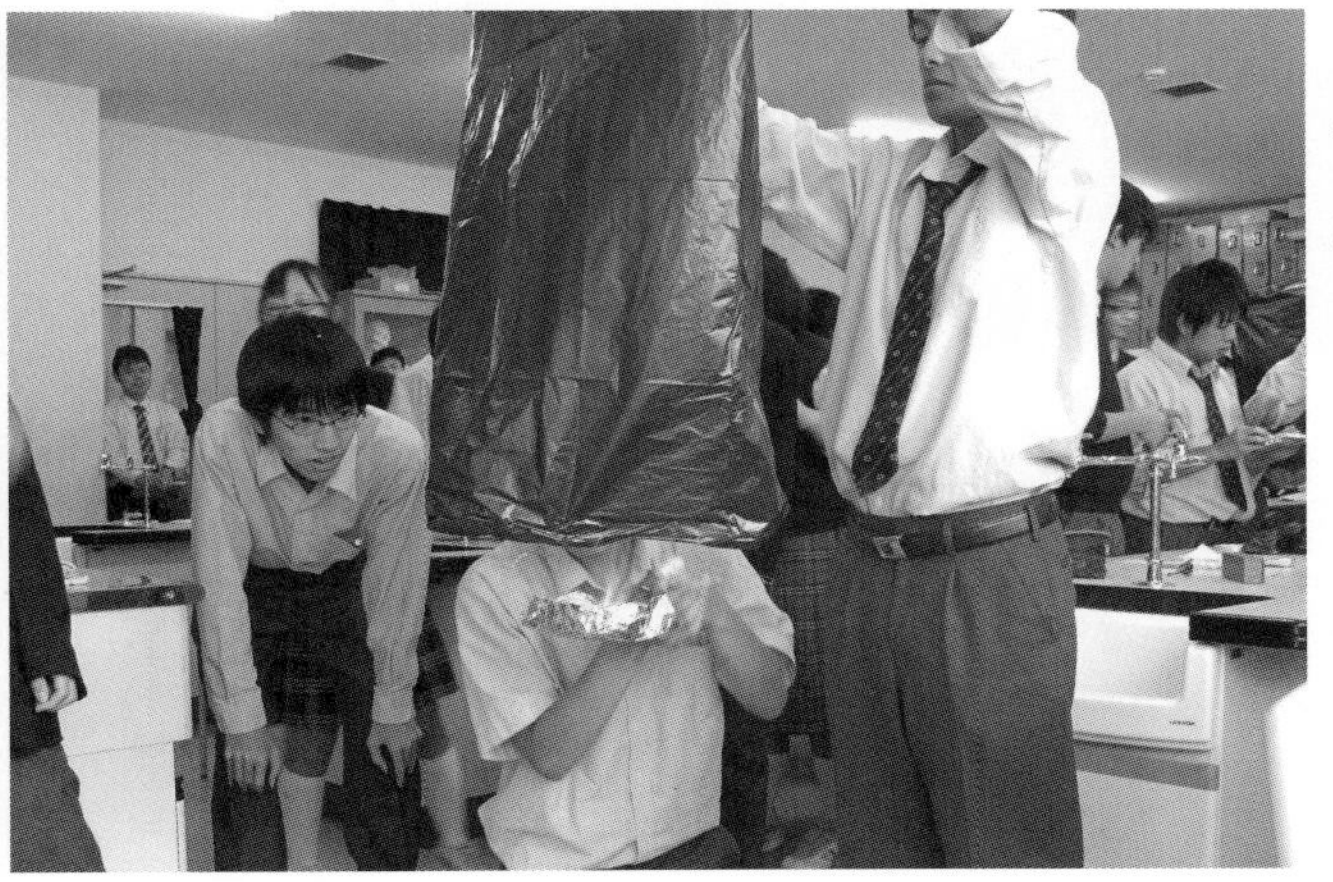

開智高校ではいろいろな場面で「社会に貢献できる『人』になろう」ということが言われます。開智高校が考えている「社会貢献」とは、「一人ひとりが高い専門性を身につけ、その智恵（知識・経験）を社会に還元し、役立てていくこと」です。しかし、一人ひとりが高い智恵を持っていたとしても、それが個人の中で閉じた状態では、社会に還元することはできません。また、どれほど優れた智恵であったとしても、一人が持っている智恵というのは、その専門性が高ければ高いほど限定的です。

そこで大切になるのがお互いの知恵を尊重し、生かしあっていこうとする姿勢です。現実的に社会をより良くしていく「貢献」を果たすためには、学び合いを通して高めていく良好なコミュニケーション能力も大切になるのです。

何事にも積極的な開智生

したがって、開智生は学校生活のいろいろな場面において、何事にも積極的に取り組むようになってきます。授業でも「教わる」のではなく「学びとる」ように変化していきますし、行事や部活動についても先生からの指示を待つのではなく、生徒が主体的に企画・運営をしています。「高校生」という一般的な通念に縛られず、自らの智恵を深めていきたいと望む人、仲間と協力しながら、意志を持った学校生活を創りたいと願う人にとっては、無限の活動フィールドが見つかる高校、それが開智高校です。

KAICHI

開智高等学校

高等部（共学）

〒339-0004
さいたま市岩槻区徳力西186
TEL 048−794−4599（企画広報室）
http://www.kaichigakuen.ed.jp/
東武野田線東岩槻駅（大宮より15分）徒歩15分

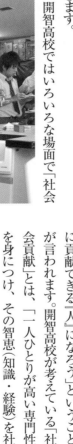

FOCUS ON
公立高校

男子校

埼玉県立 浦《うら》 和《わ》高等学校

杉山《すぎやま》 剛士《たけし》 校長先生

「知・徳・体」のバランスのとれた社会に有為な人材育成を使命とする

県下随一の進学校、埼玉県立浦和高等学校は、「守・破・離」の教育理念のもと、将来のリーダーをめざし、特色ある教育が多数実践されている男子校です。工夫された授業スタイルのなかで、世界に通用する真の学力が培われています。高校生活のすべてに全力で取り組む浦高の教育をご紹介します。

「尚文昌武」が校訓 伝統ある名門男子校

北浦和駅から浦高通りを10分歩くと、埼玉県立浦和高等学校（以下、浦高）に到着します。浦高ができたのは1895年（明治28年）。設立時の校名は埼玉県第一尋常中学校で、埼玉県で最初に誕生した県立学校でした。その後さまざまな変遷を経て、1948年（昭和23年）の新学制により、埼玉県立浦和高等学校となりました。創立以来118年の歴史を持つ伝統ある男子校です。

浦高の校訓は「尚文昌武《しょうぶんしょうぶ》」。これは、「文を尚《たっと》び、武を昌《さか》んにす」という〈文武両道〉を意味し、浦高教育の精神を象徴する言葉です。そして浦高では、校訓のほかに3つの大きな理念が掲げられています。杉山剛士校長先生は「1つは『世界のどこかを支える人材を育てる』です。社会のために役に立つという視点が貫か

体育祭

熱戦が繰り広げられるパワフルな体育祭。浦高の行事はすべて雨天決行なので、雨が降るなかで競いあうこともあります。

浦高祭（文化祭）

多くの来場者が訪れる浦高祭。趣向をこらした門は完成度が高く有名です。終了後のキャンプファイヤーは浦高生だけが体験できる特別な時間です。

れ、グローバルな人材というだけでなく、『お前がいなければ成り立たない』と言われるような存在になりなさいというメッセージが込められた理念です。

2つ目は『少なくとも三兎を追え』です。三兎とは〈勉強・行事・部活動〉を意味し、行事や部活動を制限して勉強だけをやるのではなく、すべてに全力で取り組み、充実した高校生活をめざす姿勢を表しています。三兎だけでなく、さらにほかのこと、例えばボランティア活動やグローバル教育などに取り組むのもいいでしょう。すべてを本気でやることで、人間力が育てられ、結果として進学実績にも結びついています。

3つ目は『無理難題に挑戦』です。浦高では、『三兎を追え』もそうですが、さまざまな無理難題を生徒に課します。そこには、厳しいことに挑戦することで人間を育てていくという狙いがあります。例えば、レポートなどの課題はどんどん出されます。行事の雨天順延は行わず、定期考査も3日間で終えます。逞《たくま》しさを育み、『本気でやってみればなんでもできる』ことに気づかせています」と話されました。

高校3年間を「守・破・離」で表現

浦高では、高校生活を「守（1年）・破（2年）・離（3年）」で表現しています。型を知り、身に付け、その型を破り、やがて離れていくという意味です。

杉山校長先生は次のように説明されました。「本校に入ってくる生徒をみますと、昔と比べて手をかけなくてはいけない部分があります。そこで、1年のときは『守』として、浦高生としての《型》をしっかり身につけます。予習―授業―復習の仕方を体得して、学校生活のあり方を学び、浦高生になるのです。

2年生は『破』です。型を体得したうえで、挑戦し、自分の可能性を追求します。勉強・行事・部活に全力で取り組む姿を表しています。

そして、3年生は『離』です。自走することを意味し、独り立ちして、将来に向け自分自身の道を歩き始めることです。これらは新たな浦高の教育理念を示しています」

少人数できめ細かい 浦高独自の単位制

浦高は単位制のカリキュラムを採用しています。1年次は芸術科目（音楽・美術・工芸）が選択で、あとは共通履修になっています。英・数・国の3教科を充実させ、基礎基本の徹底をめざします。

2年次と3年次は文型・理型に分かれ、柔軟な選択制と少人数授業が特徴です。文型・理型ともに、理科・社会などを組み合わせる類型選択科目（14種類の類型と大学受験に対応した科目をはじめとしたさまざまな総合選択科目（44科目）が用意されています。浦高の選択科目は非常にバリエーションがあり、とくに3年次の講義数は多く、少人数によるきめ細かい授業が行われています。

「毎年理型の方が多く、平均して文型3・理型6くらいの割合となっています。本校の生徒は、文型でも理数系の科目を選び、理型でも文系の科目を選んでいます。好き勝手にやっているのではなく、総合的な人間形成が大事だという視点から、受験のためだけを目的にした科目選択でなく幅広く学ぶように指導しています。『浦高独自の単位制』として、教養をしっかり身につけるということが前提にあるのです。」（杉山校長先生）

生徒を徹底サポート さまざまな学習支援

　カリキュラム以外でも、さまざまな学習支援が行われています。その1つに、早朝や放課後を利用した学習が奨励されていることがあげられます。朝7時半には多くの生徒が教室で学習しており、また、夜は20時半まで図書館が開館していて、自習に使われています。

「本校で厳しく言っているのが、自分で時間の使い方を考えていくタイム・マネジメントです。『少なくとも三兎を追う』ために、効率よく勉強できる環境を整えています。」（杉山校長先生）

　また、「授業が勝負」の浦高では、特色ある授業が実施されています。杉山校長先生は、「本校は埼玉県教育委員会による『未来を拓く〈学び〉推進事業』の研究校に指定されています。これは、東京大と連携して、協調学習という新しい形の授業とその教材を開発している事業です。講義一辺倒の従来型の授業ではなく、生徒同士が教えあい、学びあう、新しいスタイルの授業のあり方が探求され、そうした授業を各教科で展開しています。そのほか、論文を書かせることが定着していますし、ディベートを取り入れた授業なども行っています」と話されました。

　長期休業中の補習授業も充実しています。夏期講習では、1・2年生にそれぞれ約10講座、3年生には約50講座が夏休み期間中ずっと開講されています。講座の内容は5月ごろから案内され、生徒は自分の出たい講座を決めて、夏休みのスケジュールを立てていきます。

　国際交流にも熱心です。創立100周年を記念して、英国のパブリック・スクールであるウィットギフト校と姉妹校提携が結ばれました。それ以来、短期派遣、部活動派遣、長期交換留学制度などによって、海外で学ぶチャンスが生まれ、ケンブリッジ大学など海外の大学に合格する生徒も出ています。

修学旅行

スポーツ大会

　水泳、バスケットボール、サッカー、柔道、剣道、ラグビー、駅伝など、年間を通してさまざまな種目でクラス対抗トーナメントが実施されます。スポーツ以外にも囲碁、百人一首、クイズなどが行われる文化大会もあります。

強歩大会

　11月に行われる強歩大会。浦高から茨城県の古川市まで、50㎞の距離を7時間以内の完走をめざします。困難を乗り越えた達成感は生涯の力となります。

新入生歓迎マラソン

「授業で勝負」の浦高では、毎日が驚きと発見の連続です。浦高独自の単位制による特色ある教育が実践されています。

授業風景

部活動

部活・同好会合わせて40以上の団体が活発に活動しています。加入率は9割を超え、課外活動にも全力で取り組む浦高生の熱意が感じられます。

「第1志望はゆずらない」励ましのシャワーを浴びせる

進路指導は、学校生活すべてで行われています。「『守・破・離』の理念はまさに進路指導にも当てはまります。大切なことは2つ、よい授業で生徒の力を育むこと。そして、高い志を持てというメッセージを込めた励ましのシャワーを日ごろから生徒にあびせることです。常時発行している『進路だより』には、毎号『第1志望はゆずらない』という言葉を載せています。その志を持った以上、妥協しないで頑張ってほしいという願いが込められているのです。」（杉山校長先生）

多士済々の浦高OBによる「麗和セミナー」もキャリア教育の要です。各界の第一線で活躍するOBによる講演会は大きな刺激となっています。最近では、天皇陛下の冠動脈バイパス手術をした順天堂大学医学部教授の天野篤先生や、レアアース（希土類）を高濃度に含む海底の泥を発見した東京大教授で地球資源学者の加藤泰浩先生が講演をされています。また、宇宙飛行士の若田光一氏もOBで、浦高生たちに励ましのエールが贈られています。そうしたすばらしい先輩たちに続けと、国公立大・難関私立大へ、多くの浦高生たちが進学していきます。

これから浦高生をめざす人たちへ向けて杉山校長先生は「私は生徒たちに『本気の本気』でやれと言っています。挑戦するなかで失敗だってあるでしょう。しかし、本気でなかったら失敗も活かされません。本校を志望する生徒さんにも、そういう本気を大切にしてほしいです。そして入学したら、好奇心と向上心を伸ばしてください」と話されました。

School Data

所在地	埼玉県さいたま市浦和区領家5-3-3
アクセス	JR京浜東北線「北浦和」徒歩10分
TEL	048-886-3000
生徒数	男子のみ1139名
URL	http://www.urawa-h.spec.ed.jp/

- 3学期制　✣週５日制（隔週で土曜授業あり）
- 月７時間　火・水・木・金６時間　✣50分授業
- １学年９クラス（クラス数は学年により変わる）
- １クラス40名

2013年度（平成25年度）大学合格実績（ ）内は既卒

大学名	合格者	大学名	合格者
国公立大学		私立大学	
北海道大	10(6)	早大	174(120)
筑波大	23(7)	慶應大	93(55)
東京大	46(26)	上智大	20(14)
東京医科歯科大	2(1)	東京理大	98(80)
東京外大	4(2)	青山学院大	11(11)
東京工大	9(7)	中央大	72(63)
東京学芸大	5(4)	法政大	29(27)
東京農工大	6(5)	明治大	143(112)
一橋大	16(8)	立教大	45(28)
横浜国立大	10(6)	学習院大	7(6)
埼玉大	9(5)	国際基督教大(ICU)	3(3)
千葉大	23(13)	順天堂大	4(4)
京都大	10(2)	埼玉医科大	4(4)
その他国公立大	69(34)	その他私立大	107(91)
計	242(126)	計	810(618)

和田式教育的指導

人間力を養うために受験勉強において「勉強」以外に大切なこと

いまの時代、社会に出てから求められている力は、ただ単に英語や数学ができるといった学力ではありません。それらは最低限必要なものとして、学力だけではない、総合的な「人間力」と呼ばれる力が必要になってきているのです。今回は人間力を養うにはどうしたらいいのかについてお話ししましょう。

受験においても求められる人間力

受験での最終目標は、大学受験に成功することだといつも言っていますが、現在の日本社会は、学歴だけがあれば認められる社会ではありません。いわゆる人間力が求められている時代であり、それは大学受験においても同様の傾向があります。

例えば、医学部を受験する場合、ほとんどの大学で面接や小論文が課せられます。もちろん、医学部に入るには最低限の学力が必要になるわけですが、それ以外に、受験生がどれだけ本気で医者になりたいのかを大学側は見ています。「成績がよかったから医学部を受けてみた」という人に入学してもらいたくないわけです。

例えば、昨年、京大の山中伸弥教授がＩＰＳ細胞の研究でノーベル生理学・医学賞を受賞しましたが、そうしたタイムリーな話題について聞かれることもあるでしょう。そんなときにＩＰＳ細胞についてある程度は話ができる必要があります。大学側は正解を求めているわけではなく、医者になりたいのであれば知っておいてほしいことなのです。

そうした知識を得るためには、受験勉強以外で、新聞記事に目を通したり、医学関係の本などを読む必要

Hideki Wada

和田秀樹

1960年大阪府生まれ。東京大学医学部卒、東京大学医学部附属病院精神神経科助手、アメリカのカールメニンガー精神医学校国際フェローを経て、現在は川崎幸病院精神科顧問、国際医療福祉大学大学院教授、緑鐵受験指導ゼミナール代表を務める。心理学を児童教育、受験教育に活用し、独自の理論と実践で知られる。著書には『和田式　勉強のやる気をつくる本』（学研教育出版）『中学生の正しい勉強法』（瀬谷出版）『難関校に合格する人の共通点』（共著、東京書籍）など多数。初監督作品の映画「受験のシンデレラ」がモナコ国際映画祭グランプリ受賞。

があります。こういうことが人間力につながっていくのです。

医学部を例に出してみましたが、これはどんな学部に進むことになっても求められています。

今年の大学入試センター試験の国語の問題で小林秀雄の評論が出されて話題になりました。国立大学を志望するのであれば、これくらいの評論は読めてほしいという出題者の意図があったのだと思います。

勉強の知識ばかりではなく、本や新聞から教養を得て、自分の頭で考えられる力が必要なのです。

勉強とクラブ活動は両立可能！

「受験勉強とクラブ活動との両立はできるのか」との質問をよく受けますが、これは可能です。

クラブ活動との両立については、どうしてもクラブ活動をやりたいという積極的な熱意が必要です。つまり、クラブ活動は好きなことをやるべきなのです。そして「クラブ活動もやりたいし、志望校にも合格したい」というどちらにも強い思いを持っていることです。

両立を可能にするためには、時間を上手に使う必要があります。1日は24時間しかありませんから、テレビやゲームを我慢する必要があるかもしれません。そうすることで、なんとなく時間を過ごすということが少なくなり、時間の使い方が上手になります。また、時間が限られていますので、勉強にも集中力が生まれるのです。

打ち込めるものを持つことが大切

打ち込めるものは、なにもクラブ活動でなくてもかまいません。マンガでもいいですし、音楽を聴くことでも、なんでもいいのです。

私は映画が好きで、高3のときに受験勉強と並行して映画を３００本見ました。当時はいまと違って、ＤＶＤで見られるわけではないので、名画座で1日に4～5本の映画を見ていました。

ただ、映画館に行く道中に単語帳を見たり、それ以外の時間は勉強に集中していました。

遊びというのは楽しくなければいけません。なぜなら、それが自分へのご褒美になるわけです。これは、受験勉強のない社会人にも当てはまりますが、勉強や仕事以外に、自分の好きなこと・打ち込めることがあると、視野も広がり、それがそのまま自分の将来への道を考えるヒントになることもあります。

そして、好きなことがあるからこそ、勉強も頑張ろうという気持ちが生まれるのです。そうすることで両立が可能になります。

いまは、ものすごくやりたいわけではないけれど、なんとなく楽しいものがあふれています。それを我慢して好きなことに打ち込む経験はすごく大切です。

教育評論家 正尾 佐の

高校受験指南書

【八拾の巻】今年出た基礎的な問題3

国語

Tasuku Masao

『今年の基礎問題』シリーズの最後は国語だ。国語の基礎と言えば、①漢字の書き取り、②漢字の読み、③熟語の構成、④文法、⑤(四字熟語・故事成語などの)語意、⑥敬語が、六大基礎知識だ。とくに①は必出だ。

千葉県、埼玉県、東京都、神奈川県の公立高の今年の①の問題をあげる。

問　次のカタカナを漢字で書きなさい。

1うれしくてウチョウテンになる。(千葉)

2自分のオサナいころを思い出す。(埼玉)

3説明文を読み、要旨をカンケツにまとめる。(東京)

4心にキザまれた風景。(千葉)

5生徒会長の実行力にケイフクする。(東京)

6ゆかたを作るためにサイスンする。(東京)

7極意をサズかる。(千葉)

8来賓がシュクジを述べる。(埼玉)

9監督が試合のショウインについて語った。(神奈川)

10長距離走で前を行く走者との差をチヂめる。(東京)

11ツウカイな冒険小説を楽しむ。(千葉)

12友人からの賞賛を受けてテれる。(神奈川)

13対戦相手を攻略するためのヒサクを練る。(神奈川)

14草原で牛をホウボクする。(神奈川)

15飛行機にネンリョウを補給する。(千葉)

続いて、②の読みの問題だ。

問　次の傍線部の語の読みをひらがなで書きなさい。

16在校生が襟を正して卒業生代表の話を聞く。(東京)

17災害発生時に迅速な行動が取れるよう訓練を行う。(東京)

18競技場に聖火をともす。(千葉)

19真に迫る演技。(千葉)

20弁論大会の入賞者に記念品が贈呈される。(東京)

21彼の演説に聴衆は聞き入っていた。(神奈川)

22棚に陳列された商品を手に取る。(東京)

23希望者を募る。(千葉)

24ほっと吐息をもらす。(千葉)

25過去の例を踏襲する。(埼玉)

26その評論家は毒舌だが、人情味がある。(神奈川)

27討論会で彼女の意見に異を唱える。(神奈川)

28話し合いが和やかに進む。(埼玉)

29大きな炎をあげてガスが燃焼する。(神奈川)

30校庭から、子供たちの弾んだ声が聞えてくる。(東京)

31空き地に繁茂した雑草。(埼玉)

解答

1 有頂天　2 幼(い)　3 簡潔
4 刻(まれた)　5 敬服　6 採寸
7 授(かる)　8 祝辞　9 勝因
10 縮(める)　11 痛快　12 照(れる)
13 秘策　14 放牧　15 燃料

ここまでが①書き取りの答えだ。

続いて、②読みの答えだ。

解答

16 えり　17 じんそく
18 せいか　19 せま(る)
20 ぞうてい　21 ちょうしゅう
22 ちんれつ　23 つの(る)
24 といき　25 とうしゅう
26 どくぜつ　27 とな(える)
28 なご(やか)　29 ねんしょう
30 はず(んだ)　31 はんも

書き取り、読み、それぞれ何語、正しく書けただろうか？　9語以下ならばすぐに漢字力増強作戦を開始しなければならないぞ。

漢字力を向上させるには、少しずつ書き取りの練習をすることだ。漢字問題集（薄いものでかまわない）を机上に置いて、毎日、1つでも2つでも覚えるのが着実なやり方だ。

漢字の基礎知識は読み書きだけでない。③熟語の構成も問われる。埼玉県ではこういう問題が出された。

次の――部と同じ構成（成り立ち）になっている熟語を、あとのア～エの中から一つ選び、その記号を書きなさい。

人命を救助する

ア　抑揚　　イ　植樹
ウ　会議　　エ　運送

熟語の構成というのは、上の漢字と下の漢字の関係のことだ。「救助」は「救《すく》（う）・助《たす》（ける）」で、類似した意味が2つ重なっている。

アの「抑揚」は「抑《おさ》（えたり）・揚《あ》（げたり）」という反対語の組み合わせだ。

イの「植樹」は「植《う》（える）・樹《き》（を）」という、英語風の動詞＋目的語という並び方だ。

ウの「会議」は「会《あ》（って）・議《ぎ》（する）」で、集まって議論するという、動作順に動詞が2つ並んでいる。

エの「運送」は「運《はこ》（ぶ）・送《おく》（る）」という同じような意味の文字が重なっている。

解答　エ

熟語の構成の問題に不安を感じる人は、漢検（漢字検定試験）の練習本を利用するといい。漢検では必出だから、問題例がたくさん載っている。

⑥の敬語では、神奈川県で次のような問題が出された。

次の文章中の「地域の皆さん」に対する敬語の使い方について説明したものとして最も適するものを、あとの1～4の中から一つ選び、その番号を書きなさい。

本日の校外清掃にはたくさんの地域の皆さんにご参加していただき、ありがとうございました。私たち生徒もこの地域がもっときれいになるようがんばりますので、これからもご協力ください。

1、「ご参加していただき」は、敬意が十分でないので、「ご参加されていただき」にするのがよい。

2、「ご参加していただき」は、敬語表現として適切でないので、「ご参加いただき」にするのがよい。

3、「ご協力ください」は、敬意が十分でないので、「協力になってください」にするのがよい。

4、「ご協力ください」は、敬語表現として適切でないので、「ご協力してください」にするのがよい。

敬語は日本語の基礎ではあるが、大人でも身についていない人が少なくない。この問題も、ひょっとすると君たちの身近にいる大人たちも間違うかも知れないぞ。

これは「ご参加していただき」と「ご協力ください」が正しい敬語かどうかという問題だ。

校外清掃に参加してくれた地域の皆さん、参加してもらった地域の皆さんを敬うには、「参加してくれる」「参加してもらう」では不十分だ。こういう場合は、

A・動詞を尊敬動詞に置き換える

※参加する→参加なさる

1　（皆さんが）参加なさってくれる

2　（皆さんに）参加なさってもらう

※くれる→くださる

　もらう→いただく

3　（皆さんが）参加してくださる

4　（皆さんに）参加していただく

B・動詞を名詞に変えて尊敬接頭語を付けて、尊敬動詞を用いる

※参加する→ご参加になる

5　（皆さんが）ご参加くださる

6　（皆さんに）ご参加いただく

このAとBのルールを「協力」にあてはめるとこうなるね。

1　（皆さんが）協力なさってくれる

2　（皆さんに）協力なさってもらう

3　（皆さんが）協力してくださる

4　（皆さんに）協力していただく

5　（皆さんが）ご協力くださる

6　（皆さんに）ご協力いただく

このAとBのルール、1～6の例文を理解しておこう。とはいえ、ただ頭でわかったつもりになっても、大抵忘れてしまうだろう。なぜなら、敬語は実際に使わなければ、身につかないからだ。

さあ、しっかり修得するために、声に出して（同時に鉛筆を持ってノートに書いて）繰り返し叫んでみよう。

「参加なさってくれる、参加なさってくれる」

「参加なさってもらう、参加なさってもらう」

はい、もっと大きな声で！

「参加してくださる、参加してくださる」

「参加していただく、参加していただく」

「ご参加くださる、ご参加くださる」

「ご参加いただく、ご参加いただく」

よろしい、頭に入っただろう。

では、正解は選択枝の何番だろうか。「ご協力ください」は右のルールの5に当てはまるから、正しい敬語だ。だとすれば、「ご参加していただき」が誤りで、選択枝1か2が正解だということになる。

ルールの6の「ご協力くださる」

と照らし合わせると、2が正解だとわかる。

解答　2

さて、ここでBの尊敬接頭語について詳しく説明しておこう。

選択肢1～4は「ご参加していただき」と「ご協力ください」を問題にしているね。「ご参加」「ご協力」、どちらにも「ご」がついている。これが尊敬接頭語だ。

「ご」は漢字で書くと「御」。「御」は「ご」と読んだり、「み」と読んだり、「お」と読んだり、「おん」と読んだりする。（古文では「おおん」と読むこともある）こんなふうにだ。

・御《ご》両親・御《み》心・御《お》祝い・御《おん》礼（ただし、御心は御《お》心とも読むし、御礼は御《お》礼とも読む）

右の、両親・心・祝い・礼はどれも名詞だね。このように「御」は、もともと名詞の頭につく言葉（これを接頭語という）だ。

「御」を「ご」と読むのは、もともと漢語の名詞の頭についている場合だ。漢語ってなんのことかわからないだって？　しかたがないなぁ。

漢語とは簡単にいうと、漢字の音読みの言葉だ。例えば、長く生きている人を「老人《ろうじん》」というね。これを「老人《おいびと》」と言うことはまずない。

「老」を「老《ろう》」と読むのは音読みだ。「人」を「人《じん》」と読むのも音読みだ。つまり「老人」は音読みの言葉だ。こういうのを漢語というんだ。

ついでに漢語の対《つい》になるのが和語だ。「老人」ではなく、「年寄り」と言うこともある。「年寄《ねんき》」と音読みで言わずに「年寄《としよ》り」と訓読みで言う。こういう言葉を和語と言う。

漢語を敬って用いるときは「ご」をつけて「ご老人」と言い、和語を敬って用いるときは「お」をつけて「お年寄り」と言う。

④の文法は千葉県で出された。

> ①～④の四つの動詞のうち、一つだけ活用形の異なるものがある。その符号と活用形を書きなさい。
>
> ①　ひとことで言えば、
> ②　解いておこう。
> ③　自由にあり、
> ④　得たあとに

①は「ば」（接続助詞）に続いている。これは仮定形だ。

②は「て」（接続助詞）に続いている。これは連用形だ。もっと詳しくいうと、連用形の「解き」がイ音便で「解い」と変わっている。

③は少し難しい。これは、もともと「ありて（＝あって）」というのが、「て」（接続助詞）を省略したのだ。省略したかわりに「、」（読点）を打ったものだ（こういう「～連用形、」を連用中止法という）。

④は「た」（助動詞・過去）に続いている。これは連用形だ。

解答　①　仮定形

文法問題は私立高にもよく出ている。多摩大学目黒の問題だ。

> 次の文章の傍線部a～eについて、その品詞名を次の1～5から選び、番号で答えなさい。
>
> あらゆる[a]場所を探したが、教科書はどこにも見あたらない。
>
> 「こんなことなら、もっと早く準備しておけばよかった」
>
> 彼[b]はそう叫んだが、もはや[c]、あとの祭りだった。
>
> 「ああ[d]、困ったわね。だから、いつも注意していたのに」
>
> 母がため息まじりにつぶやいた。しかし[e]、少年の耳にはまったく入らなかった。
>
> 1、副詞　2、接続詞　3、感動詞
> 4、連体詞　5、代名詞

解答
a＝4　b＝5
c＝1　d＝3　e＝2

英語と違って、日本語文法では代名詞は名詞の一種だから、bの「彼」は名詞と答える方が望ましいのだが、1～5の選択枝には名詞がないので、代名詞と答えるしかない。

最後に慶應義塾女子の問題（一部省略）をやってみよう。

> ——の部分を、例にならって品詞分解し、それぞれの品詞名を答えなさい。ただし、活用のあるものは活用形も答えなさい。
>
> （例）
>
> | 名詞 | 助詞 | 名詞 | 助詞 | 名詞 | 助動詞 終止形 |
> |---|---|---|---|---|---|
> | これ | は | 今年 | の | 試験問題 | です |
>
> けれどもしっかり目をつぶったまま、

日本語の品詞を全部知っているかどうか、また活用語の活用変化を知ってるかどうかが試される問題だ（念のために言うが、活用語ってどんな言葉か知っているよね。もちろん、動詞・形容詞・形容動詞・助動詞の4つだ。未然・連用・終止…というふうに活用変化するのは、この4つだけだ）。

解答

接続詞	副詞	名詞	助詞	動詞 連用形	助動詞 連体形	名詞
けれども	しっかり	目	を	つぶっ	た	まま

やや難しいのは、「つぶっ」だろう。「つぶっ」は「つぶり」（つぶる・連用形）の促音便形だ。「つ」を促音というのは知っているね。

じつは、文法知識の不足している人が多い。以上の2問を誤った人は、できるだけ早いうちに手当をする必要があるぞ。

平成26年4月男女共学スタート
安田学園は新時代へ

第一志望大学への現役進学を力強くサポートする3つのコース

知の構造を革新　S特コース
グローバルな探究力を育て、東大などの最難関国立大を目指す

本質的な学びを育成　特進コース
自ら学ぶ力を高度に育て、難関国公立大・早慶上理を目指す

自ら考える力を育成　進学コース
高度な基礎学力を育て、GMARCH・中堅私大を目指す

高等部教育方針

学習のベースとなる日々の授業では「自ら考え学ぶ」ことを重視した新しい学習指導を実践。身につけた学力を高度に活用できる創造的学力を育む「探究（S特コース）」「ライフスキル（特進・進学コース）」の授業、豊かな人間力を培うオリジナルテキスト「人間力をつける」と合わせて、グローバル社会で自分の力を十二分に発揮し、社会の発展に貢献できる人材となるために必要な力を鍛えていきます。

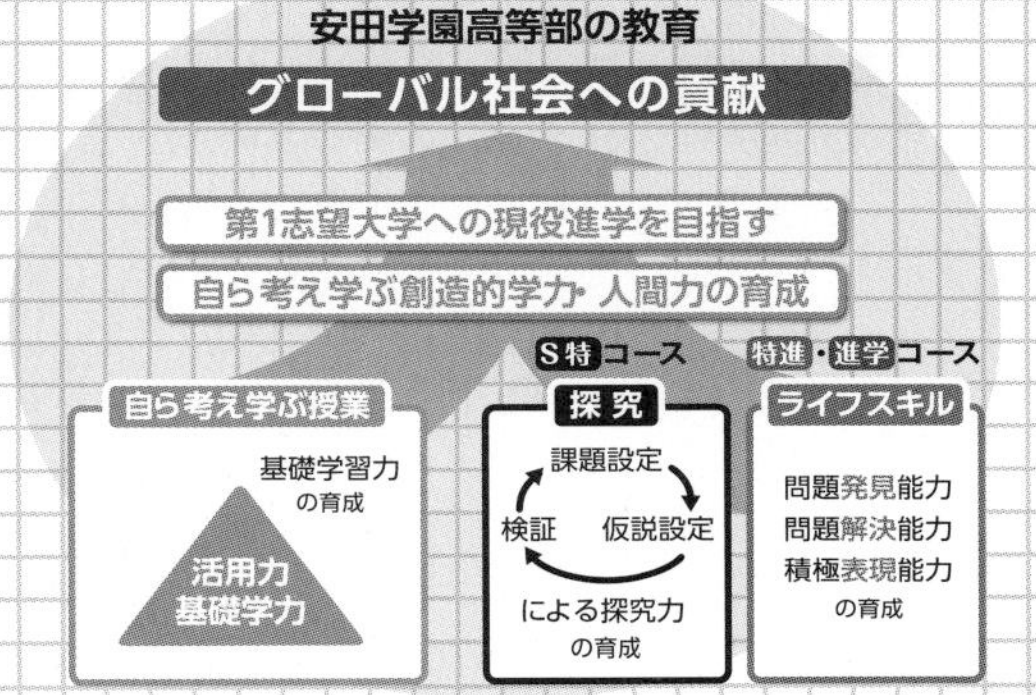

探究　S特コース

1・2年で行われる「探究」の授業では、自分なりの疑問を見つけ、それについての仮説を立て、検証を行うというサイクルを体験していきます。その過程を通じて、より高次なレベルの疑問が生まれ発展していくといった創造的思考力が育まれていきます。１年次では、文系・理系のそれぞれの実際のテーマでのグループ探究を通し探究基礎力を習得、論文を作成します。２年次には、それを英訳しシンガポールにおいて現地大学生にプレゼン、そのテーマについてディスカッションします。そしてこれらの集大成として個人でテーマを決めて探究を行い、安田祭で発表します。

1年生	理系探究	文系探究 理系論文作成	発表	文系探究	文系論文作成	発表
2年生	シンガポール フィールドワーク（発表）	個人探究				発表

探究を1年間学んで

梶山健一君（高2）・（市川市立第四中学校出身）

私たちは、1年間で2つの設問を理系的・文系的思考による疑問→仮説→検証のたて方、考え方を学びました。

理系的思考の設問は、担当者から「隅田川水質について」のものでした。

文系的思考の設問は、担当者から2冊の本（環境問題とは何か、環境問題の杞憂）が紹介され、この本の中から「キーワードとなる語句を探しなさい」というものでした。

両方の設問から、疑問→仮説→検証の考え方はもちろん、文献輪読の方法（数人で同じ本を読み、問題点や疑問点について論じ合うこと）、発散・収束・アンケート技法や情報収集、マインドアップ法、ディベートなど自然と身につくことができました。

ライフスキル　特進コース　進学コース

ライフスキルでは、「社会構造がどのように変わろうと変わることのない、社会で活躍するために必要な"3つの力<問題発見・解決能力、積極表現能力>"を育成します。この力を養成するために本学園では、教育と探求社監修の「クエストエデュケーション」を導入しています。現実社会と連動しながら「生きる力」を育むためのプログラムです。実在の企業を題材に、リアルな学習テーマに取り組みながら、自ら感じ、考え、表現していく学習スタイルを実践していきます。実在の企業からの「ミッション（課題）」に取り組み、情報を集め、チームで話し合いながらプランを完成させ、最終的にはプレゼンテーションを行います。現代社会の中で活動を続ける企業の姿をリアルタイムでとらえ、自ら体験することで、社会や経済の仕組みに触れるとともに、働くということの意義についての理解を深め、自律的な学習姿勢と豊かな創造性を育んでいきます。

〈授業の流れ〉

インターンとして企業に参加する準備をする
↓
企業からのミッションを受け取る
↓
チームでミッションに取り組む
↓
プレゼンテーションをする

知性あふれ、凜とした清潔感のある制服

安田学園創立者、安田善次郎の重んじた「自分がこうありたいと思う生き方=人間力をつける」という精神を意識し、コシノジュンコ氏によってデザインされた制服です。制服をきちんと上品に着ることによって、社会に出てからもTPOに応じた着こなしが出来る事を期待し、また、知性の高さが垣間見られる、凛とした清潔感のあるスタイルをコンセプトにつくられています。中学生は、中学生らしいあどけない雰囲気を活かしてエンジ色を、高校生は、大人への第一歩を踏み出したフレッシュさの表現としてブルーをアクセントに、学園全体での統一感を大切にしながらも、新しい試みに満ちた制服です。後ろ姿にも安田学園生のブランドを宿すコンセプトカラーのパイピングラインの装飾や、スタイリッシュにみせるV字のデザイン切替を採用し、どこから見てもきりっとした美しい仕上がりになっています。

平成26年度　高校入試　学校説明会

平成25年　6月22日（土）14:30	平成25年　11月9日（土）14:30
平成25年　9月7日（土）14:30	平成25年　11月30日（土）14:30
平成25年　10月12日（土）14:30	平成25年　12月7日（土）14:30

安田祭（文化祭）

10月26日（土）・27日（日）
10:00～15:00
入試相談会を開催します

※掲載している日程以外でも学校見学個別相談ができます。事前にお電話でお申し込みください。
※各回とも入試相談コーナーを設けております。
※予約申込方法など詳細は本校ホームページをご覧ください。

安田学園高等学校

〒130-8615　東京都墨田区横網2-2-25
E-mail　nyushi@yasuda.ed.jp

入試広報室直通　0120-501-528　FAX.03-3624-264
交通アクセス　JR両国駅から徒歩6分　都営大江戸線両国駅から徒歩3
ホームページ　http://www.yasuda.ed.jp/　安田学園　検索

武蔵野大学（薬・看護・教育・法※・経済※・文・人間科学・環境・グローバルコミュニケーション）との
併願優遇制度を利用して、ワンランク上の進路実現へ
※2014年改組&開設予定
2014年度
●機能性向上×着心地UP!
●紺のハイソックス追加！
●グレーのベスト導入！
制服 Renewal！
2013年度
高等学校説明会日程
学校説明会（予約不要）
9月21日（土）　10月26日（土）
11月23日（祝）　12月 7日（土）
いずれも14:00～16:00
個別相談会（※要予約）
11月 9日（土）　11月16日（土）
11月30日（土）　12月21日（土）
いずれも10:00～15:00
サマースクール2013（予約不要）
8月24日（土） 10:00～12:00 （説明会+体験授業）
オータムスクール2013（予約不要）
10月19日（土） 13:30～17:30 （クラブ見学+体験）
＊「体験」は要予約
MJオープンスクール（説明会+授業見学（+クラブ見学）
11月16日（土） 10:00～12:00
樹華祭 （体育祭） 9月28日（土） 9:00～15:00
（文化祭） 10月12日（土） 11:00～16:00
10月13日（日） 10:00～16:00
◎学校相談随時受付 事前にお電話にてお申し込みください。
自分のままで、自分を伸ばす。
MJ
武蔵野女子学院高等学校
■進学コース ■薬学理系コース
〒202-8585 東京都西東京市新町1-1-20 TEL 042-468-3256・3377（入試相談室直通）
http://www.mj-net.ed.jp/

文部科学省
スーパーサイエンスハイスクール（SSH）・コアSSH 指定校

全国でもトップレベルの先進的な理数系教育を実施する学校として、SSH の教育活動をより活発に推進していくと共に、教科横断型学習を取り入れ、全生徒にこの教育活動が行き届くように展開していきます。

学校説明会・個別相談会

7月28日（日）10：00～、16：00～
8月24日（土）10：00～、16：00～
10月26日（土）14：00～
11月30日（土）14：00～
12月 7日（土）14：00～

文京生体験 ＊要予約

7月28日（日）11：30～ 部活動体験
8月24日（土）11：30～ 国際塾体験 科学塾体験

＊ホームページからご予約ください。

ミニ説明会＆授業見学

9月11日（水）10：00～
11月14日（木）10：00～ 埼玉県民の日

入試解説会

11月17日（日）10：00～、14：00～
11月23日（祝）10：00～、14：00～

文女《あやめ》祭（学園祭）

9月28日（土）・29日（日）
10：00～15：00
入試相談・校舎見学可

文京学院大学女子高等学校
Bunkyo Gakuin University Girls' Senior High School

〒113-8667 東京都文京区本駒込 6-18-3
http://www.bgu.ac.jp/ tel. 03-3946-5301 mail jrgaku@bgu.ac.jp
＊最寄り駅…JR 山手線・東京メトロ南北線「駒込」駅南口より徒歩５分 JR 山手線・都営三田線「巣鴨」駅より徒歩５分

QR code

片頬だけを持ち上げて笑う作り笑顔ほど、醜悪なものはない。

自分では笑顔を作っているつもりかもしれないが、他人から見るとうすら寒い、うそ臭い半笑いにしか見えない。そこには作り笑顔を向ける相手への軽侮や嫌悪の心情が見て取れてしまう。相手のために一生懸命笑顔を作ろうとした場合には、こんな表情にはならない。表面上だけつくろった、他人をバカにした表情だ。だから虫唾《むしず》が走る。

「大事なお話とはなんでしょう？」

私は学院長の顔と視線に耐えられなくなって、自分から聞いた。少しでも早く話を進めてこの場を立ち去りたいという願望に勝てなかったからだ。

「向井田さん、あなた、この間の全校集会のことを覚えてるかしら？」

忘れるわけがない。同級生の倉田沙希が私のそばで倒れてしまったので、学院長の長話を私が中断させてしまった。だからこうして学院長室に呼び出されているのだ。こうしてわかりきったことを質問し、再認識させることで、私を精神的に圧迫しようという魂胆《こんたん》だろう。

「はい。覚えています。」

こういうときは感情を見せずに、淡々と事実のみを述べるべきだ。感情に任せて「覚えているに決まっている」のような発言をしてしまったら負けだ。あくまで理性的に話すことが負けないための秘訣である。

「そう。それは結構。具合の悪くなった同級生のために、講話を中断すべきだとあなたはおっしゃいましたね？」

上品ぶった言葉遣いだが、その裏には私への憎悪がこめられている。

「はい。」

負けずに事実のみを答える。怒りをのせずに淡々と。

「あなたは自分の行動が友人の体調を気づかっての、博愛の精神からの正しい行動であると認識しているようだけど？どうかしら？」

また右の頬だけを持ち上げた半笑いの表情だ。この作り笑顔は相手への侮蔑の感情を表明しているのだと、学院長はわかっているようだ。そうか、自分の表情が相手に与える印象をわかったうえで、故意に見せつけているのか。この侮蔑はあなたに向けているのだと、これ見よがしにあてつけているのだ。

「はい。自分は正しいことをしたと思っています。」

めげそうになる自分を奮い立たせて、なるべく堂々とまっすぐに話した。胃がキリキリと痛む。負けないようにおなかに力を入れた。

「それは独りよがりでしかないわよ。」

吐き捨てるように学院長は言った。初めて言葉にストレートな感情が乗っかってきた。

「あなたの一見他人を気づかったつもりの行動は、学院全体のことを考えての行

宇津城センセの受験よもやま話

ある少女の手記④

宇津城 靖人先生
早稲田アカデミー　特化ブロック　ブロック長
兼 ExiV西日暮里校校長

動ではないわ。確かに目の前の倒れた生徒のためにはなったかもしれないけれど、その他の生徒全体のことは考えたのかしら？」

そう言って、学院長は自分の指にはまった大きな指輪を親指でもてあそび始めた。

「私はその他の生徒のことも考えて発言しました。沙希以外にも、倒れている生徒がいることが見て取れたからです。」

学院長は、私の言葉を聞きながらもいっさい顔を上げない。相変わらず指輪をいじりながら、視線は自分の手元に向いたままだ。

「何人かの倒れた生徒のことだけを考えたのでしょう？　講話を聴きたいと思っている生徒の気持ちは考えたの？」

そう言いながらも学院長の目線は私の方には向かない。指輪からは目を離さない。これも私への心理的な圧迫の効果を考えてのことだろう。相手を見ずに言葉を発することがいかに無礼で不愉快かをよくわかったうえで故意にそうしているに違いない。こんなことで腹を立てたら負けだ。

「しかし、多くの生徒が私の発言に賛同し、『やめろ！』などと講話の中断を希望する発言が相次いだように見えたのですが。いかがでしょうか？」

思いきり当てこすって慇懃《いんぎん》に言ってやった。

「それも一部の生徒の発言でしょう？　どうしてあなたは全体のことを考えられないのかしら。」

そう言って、指輪に向かってフゥっと息を吹きかけて親指でこすると、学院長は顔を上げて私を見た。

「自分が正しいと思って行動しても、その行動に賛同する人ばかりではないという事実を受け止めなさい。正義とは1つではないのだから。あなたは自分が正義感に基づいて行動したと感じているでしょうけれど、所詮はあなたの独りよがりの正義でしかないのよ。あなたの行動によってどんな問題が生じるかわかっていないでしょう。」

学院長はそう言って立ち上がると、私に背を向けて展示棚の方へ歩いた。展示棚に飾られた木彫りの熊を、そばにあった布で磨き始めた。鮭をくわえた木彫りの熊が、磨かれて光沢を放つようになった。

「私が同じ話を何度もするのには理由があるの。それがわかっていないようなので説明するわ。それがわかっていないから、あなたの行動が引き起こす問題についてもわかっていないのだものね。」

学院長はそう言うと、木彫りの熊から離れて私の向かいのソファにドッカリと腰をおろした。

「あなたは私の講話を『同じ話を8回は聞いた』と揶揄《やゆ》したわ。それでは8回も同じ話を聞いたあなたは、私がどんな話をしたのか覚えているかしら？　教えてくれる？」

「まず、『私たちの学院は、清く正しい生活を通じて、他者を重んじる慈愛に満ちた人間を育みます！』という言葉で始まります。」

「うん。それから？」

「この学院の歴史についてのお話が続いて、そして、いかに学院長が教育者として高い理想に燃えて生きてきたか、自分が学院長という立場にまで上りつめたのがいかにすごいことであるか、学院長である自分がどんなに高貴な存在であるかというお話があります。」

「そう。それから？」

「『他者を重んじろ』ということを。」

「はい。そうね。おおまかには合っているけれど、だいぶ曲がって伝わっているわね。だから何度もお話しするのよ。真意が伝わるまでね。」

学院長は、フゥとため息をつくと私をかわいそうなものであるかのように見つめた。

「学院の歴史を話すのは、自分の通う学院への誇りを持ってほしいからよ。きちんと認識してほしい大切なことだから、何度も何度もお話しするの。私が理想に燃えてきた話をするのは私自身を知ってほしいからだけど、それが自慢のように聞こえているなら、こちらも表現に気をつけるわ。

決して自慢をするために話をしているのではないのだけれど。他人の苦労を知ることは、他人の痛みを知ることにつながるからお話ししているのだけれどね。なかなか伝わらないものね。

私にも学生時代に校長先生の話が長くて本当に嫌だと思った経験はあるのよ。だからあなたの気持ちも理解はできるわ。

けどね、次第になぜ校長先生たちが長い話をしていたのか理解できるようになってきたの。社会に出るとね、校長の長話なんて比べものにならないくらいのつらいことがたくさん降りかかってくるのよ。本当に理不尽なことや、言われもない悪意や、さまざまなことがね。大切なことを何度も何度も話して伝えようとするとともに、私にはみんなに耐える力を与える義務があるのよ。長い講話という小さな試練を通じてね。

だから、嫌われたりウザがられたりしているのはわかっていても、敢えてそうしてきたの。

けど、あなたがそれを壊してしまった。『理不尽な、自分たちにつらい思いをさせる大人は悪だ』っていう一番単純な構図に当てはめて、それが正義だと主張してしまうのは、大変危険なことだとあなたはわかっていないわ。」

そう言って、学院長は立ち上がると自分のデスクに戻った。

「向井田さんには、本当の『他者を重んじる心』を学んでいただく必要があります。よって、私の指定した施設へのボランティア活動に参加してもらうわね。あなた1人ではなくて何人かで行ってもらうことになるけど。異論はないわね？」

「はい。わかりました。」

私はそう言うだけで精一杯だった。

国語 東大入試突破への現国の習慣

夢見るだけで終わらない！
目標は実行に移してこそ
目標と言えるのです！

田《た》中《なか》 利《とし》周《かね》先生
早稲田アカデミー教務企画顧問

東京大学文学部卒。東京大学大学院人文科学研究科修士課程修了。文教委員会委員。現国や日本史などの受験参考書の著作も多数。早稲田アカデミー「東大100名合格プロジェクト」メンバー。

慇・懃・無・礼?!
今月のオトナの四字熟語
「法的思考」

「自分自身の考えを持つことはとても大切です」。もっともな話ですよね。皆さんも学校でいろいろと意見を求められる機会が多いのではないでしょうか。「キミはどう思う？　意見を聞かせてくれないか」なんてね。

ところが、他人の受け売りでもなくまた単なる独り善がりな意見でもない、本当の意味で「自分自身の考え」をしっかりと持つというのはそれほど簡単なことではありません。むしろ「それはたやすいことではない」と、ちゃんと認識することの方がよほど大切なのではないかと私は思います。

中学生のころというのは、そもそも「自分自身とは何なのか?」を考える時期、アイデンティティーの確立期にあたるわけですから。時間をかけて答えを出すべきです。それでも「あなたの意見は?」という問いかけに対して、「私はこうです!」とズバリ言ってみたいと思ってしまうのではないでしょうか?

それはテレビというメディアの明らかな弊害です。声高に意見をまくしたてるテレビタレントをありがたがる風潮がこの傾向に拍車をかけています。ぜひ皆さんは、こうした流れに抗ってほしいと思います。

文章読解の勉強、すなわち「文章を読んで、問いに答える」という勉強は、様々な人の立場に立ってものごとを考えるという訓練です。実はそうした訓練の先にこそ、「自分自身の考え」が浮かび上がってくるものなのです。

文章読解は、「どちらの立場につくのか」「敵か味方か」「○か×か」といった単純な思考方法では太刀打ちできるものではありません。テレビ番組はこの「どっちが?」を即座に選ばせるものばかりであるということに皆さんは気づいてくださいね。

弁護士がテレビタレントになる時代ですので話がややこしいのですが（笑）、本当の意味での読解力を発揮する仕事に「法律家」という職業があります。弁護士もそうなのですが、ここでは裁判官に注目してみましょう。

裁判で人が争っているというのは、立場によって全く異なる説明がなされることになるわけです。検察の側から、そして弁護士の側から。それをそれぞれの側に立ってものごとを眺め、その上で公平や正義といった観点から、総合的にものごとの善し悪しを判断するというのが裁判官です。ここで求められるのが、今回取り上げた四字熟語「法的思考」なのです。

これは、法的なものの考え方のことを意味する言葉なのですが、法律学というのは具体的な事件に関して法典上の条文を解釈して適用する学問です。これを法解釈学といいます。この法解釈学の根本にあるのが法的思考なのです。「法解釈学はオトナの学問である」とも言われています。「オトナの読解力」の獲得を目指す皆さんにとっても興味深いポイントですよね。

ではどの点が「オトナ」なのでしょうか？ それは、法的な争点をめぐって対立する複数の主張のすべてに耳を傾けた上で、最善の解決を発見しようとする姿勢にあらわれていると言えます。これまでこの連載で述べてきた「文章読解」のあり方に共通するものがあると思いませんか？ そうです、読解の基本にもこの姿勢は当てはまります。むしろ文章読解こそが、解釈という行為の基礎になっているのだと考えてください。

「ほぼ完全な裁判官」の備えるべき資質は？ という質問に、ある法学者は「均衡のとれた精神、天性の正義感、俊敏な理解力、卓越した記憶力、健全な肉体的条件、限りない辛抱強さ、疲れを知らぬ勤勉、不撓《ふとう》の勇気、きわだった義務感、魅力ある作法、それにユーモアを解するセンス」と答えています。

だれにとっても「その中のひとつでも身につけたい！」と希求する資質ばかりですよね。受験生であれば、特に「俊敏な理解力」と「卓越した記憶力」なんて、のどから手が出るほど（笑）。でも、この中の「限りない辛抱強さ」という言葉に、重みを感じてほしいのです。

まだ分かっていない答えを探し求めていくプロセスは非常に苦しいものです。ついつい、安易な答えに走りがちです。それを自ら戒めて、よりよい答えを探し続けていく「辛抱強さ」こそ、「共通理解」に至る最も大切な要件だと思います。

人は、何か悩んだときや決断しなければならなくなったとき、だれかから正解を教えてもらうわけにはいきません。あらかじめ決まった正解など、どこにもないのです。そのとき人は、まだ分かっていない答えを自分で考え出さなければなりません。

人生とはそのような場面の連続です。文章読解の訓練を通して、辛抱強く共通理解にたどり着くまで考え抜くという「現国の習慣」を身につけること。「法的思考」はこの延長線上にあるはずです。

将来どのような困難な場面に出会っても、しっかりと考えた上で、自分の力で判断することができるようになるために。自信を持って人生を歩んでいくための支えとして「現国の習慣」は役立ちますよ！

グレーゾーンに照準！今月のオトナの言い回し「青天の霹靂《へきれき》」

「予想外のことや事件が突然起こること」を意味する慣用表現です。「青天」は「雲ひとつない澄んだ青空」を意味し、「霹靂」は難しい漢字ですが「突然雷が鳴ること」を意味します。ですから合わせて「晴れ渡った空に突然起こる雷」を表すことになり、転じて「突然に起こる変動」を意味するようになったのです。

「晴天の霹靂」と書いてしまうと間違いになりますからご注意を。「晴天」では「晴れた空、良い天気」という意味だけですので、「青天」と比べると予想外の度合いが低くなってしまいますからね。

英語にも同様の表現がありますよ。The news struck her like a bolt from the blue.（その知らせは彼女にとって青天の霹靂であった）boltは稲妻を意味し、blueは言うまでもなく青空を意味していますからね。

さて、オトナの用法としての「青天の霹靂」についてですが、典型的な例をご紹介しましょう！ 次の文章を、まずはご覧ください。

『1943年の晩秋、ちょうど34歳の誕生日を迎えるころのことだ。「ポール・ギャレットと申します」と電話の主は名乗った。「ゼネラル・モーターズ（GM）の広報部長です。当社副会長のドナルドソン・ブラウンに代わって電話しています」。世界最大企業、GMの経営方針や構造について第三者の目で調査してくれないかという。青天の霹靂とはまさにこのことだ。』

一体だれの文章だと思います？「マネジメントの父」とも呼ばれる、経営学の第一人者ピーター・ドラッカーの「私の履歴書」からの引用です。34歳の若さで（皆さんにとっては30代はオジサンでしょうが、ビジネスの世界では若僧にすぎません）、世界最大の企業から、ビジネス調査を依頼されるなんてことは、「ありえない」わけです。ところがそれが、現実に起こってしまう。まさに青天の霹靂。しかしそこで終わってしまわないことが重要です。この経験を基にしてドラッカーは『企業とは何か』を著すこととなるのです。

ドラッカー自身の言葉によれば「目標は実行に移さなければ目標ではない」ということになります。逆に、常に目標を見定めているからこそ、突然の出来事にもぶれることなく実行に移すことができるのですよ！「青天の霹靂です」と言いながらも、「待ってました！」の心境なのです、実は。

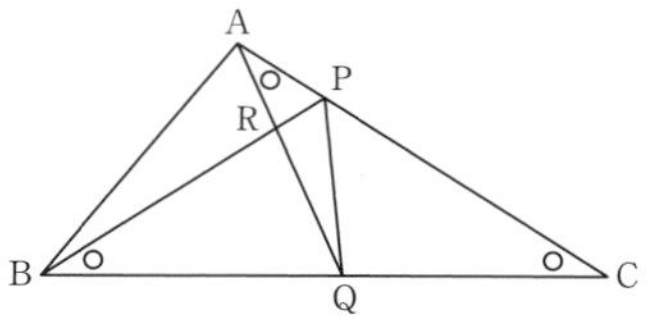

∠PBC＝∠PCB
△QACはCQ＝AQの二等辺三角形であるから、
∠QCA＝∠QAC
∠PCB＝∠QCAなので∠PBC＝∠QAC……①
△PBCと△QACにおいて、
①より、∠PBC＝∠QAC
共通な角だから、∠PCB＝∠QCA
２組の辺の角がそれぞれ等しいので、
△PBC∽△QAC
よって、BC：AC＝PC：QC……②
△ABCと△QPCにおいて、
②より、BC：PC＝AC：QC
共通な角だから、∠ACB＝∠QCP
よって、２組の辺の比とその間の角がそれぞれ等しいので△ABC∽△QPCである。

右の図で、点M、Nが△ABCの辺AB、ACの中点であるとき、

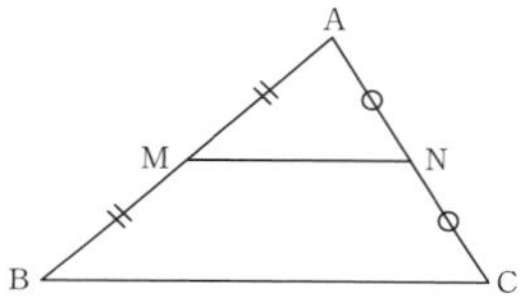

△ABC∽△AMN（２組の辺の比とその間の角がそれぞれ等しい）ですから、
MN//BC、MN＝$\frac{1}{2}$BC
（三角形の２辺の中点を結ぶ線分は、もう１辺に平行で長さはその半分に等しい）
が成り立ち、これを中点連結定理といいます。

次の問題２は、この定理を利用する証明問題です。

問題2

右の図のような三角形ABCがあり、辺BCの中点をD、辺ACの中点をEとする。

また、線分ADと線分BEとの交点をFとする。

このとき、三角形ABFと三角形DEFが相似であることを証明しなさい。（神奈川県）

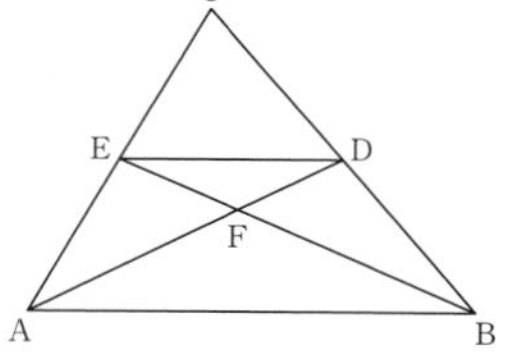

<考え方>

どの三角形で「中点連結定理」が成り立つかを、はっきり書くようにしましょう。

<証明>

△ABFと△DEFにおいて、対頂角は等しいから、
∠AFB＝∠DFE……①
△ABCにおいて、点Dは辺BCの中点、点Eは辺ACの中点であるから、中点連結定理より、
AB//ED……②
②より、平行線の錯角は等しいから、
∠ABE＝∠DEBよって、∠ABF＝∠DEF……③
①、③より、２組の角がそれぞれ等しいから、
△ABF∽△DEF

次の問題のように、平行四辺形には、上の問題で見られた相似な三角形がたくさん現れます。

問題3

図の平行四辺形ABCDにおいてCE：ED＝１：２のとき、△AFGと平行四辺形ABCDの面積の比を最も簡単な整数の比で表しなさい。（中央大学附属）

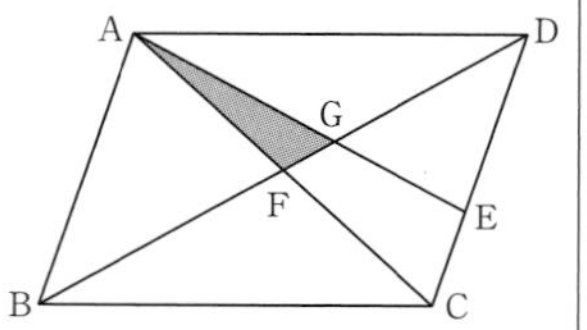

<考え方>

高さの等しい三角形の面積は、底辺の長さに比例することに注目します。

<解き方>

対角線BDの長さをaとすると、平行四辺形の対角線はそれぞれの中点で交わるので、BF＝FD＝$\frac{1}{2}a$
△ABG∽△EDGより、BG：DG＝AB：ED＝CD：ED＝３：２だから、BG＝$\frac{3}{5}a$
よって、FG＝$\frac{3}{5}a-\frac{1}{2}a=\frac{1}{10}a$
これより、△AFG：△ABD＝BD：FG＝１：10
したがって、△AFG：平行四辺形ABCD＝１：20

問題３のように、相似を利用して比を求める問題はよく取り上げられますので、比の扱い方にも慣れておくようにしましょう。さらに、相似の考え方は、三平方の定理とともに、線分の長さ、図形の面積や体積を求めていく場合に欠かせません。また、関数や円との融合問題も多く出題されますので、まずは基本をしっかり身につけた上で、多くの問題にあたって、いろいろな解法のパターンを知っていくことがとても大切です。

数学 楽しみmath 数学！DX

図形問題の基本 相似を攻略

登木 隆司先生
早稲田アカデミー　城北ブロック ブロック長
兼 池袋校校長

今月は図形の相似について学習していきましょう。

2つの図形が相似であるというのは、一方の図形を拡大または縮小したものが他方の図形と合同であることをいい、記号「∽」を用いて表します。また、対応する線分の長さの比を相似比といいます。

2つの図形が相似であるとき、①対応する線分の長さの比はすべて等しく、②対応する角の大きさはそれぞれ等しい、という性質が成り立ちます。

図形の合同と同じく、相似についても三角形の相似が基本で、2つの三角形は、次の条件のいずれかを満たすときに相似になります。

三角形の相似条件

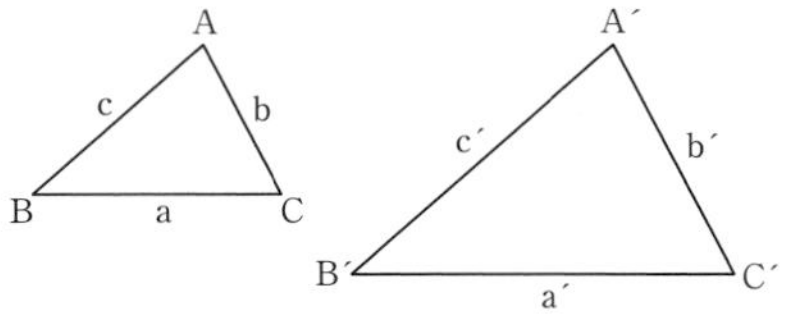

①　3組の辺の比がすべて等しい
（上の図で、a：a´＝b：b´＝c：c´ のとき）

②　2組の辺の比とその間の角がそれぞれ等しい
（上の図で、a：a´＝b：b´かつ∠C＝∠C´のときなど）

③　2組の辺の角がそれぞれ等しい（上の図で、∠B＝∠B´かつ∠C＝∠C´ のときなど）

それではまず、相似の証明を見てみましょう。

問題1

右の図で、

△ABCは、AB＜ACの三角形である。

点Pは、辺AC上にある点で、頂点Aと頂点Cのいずれにも一致しない。

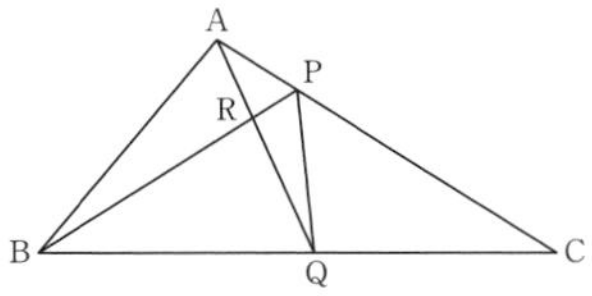

点Qは、辺BC上にある点で、頂点Bと頂点Cのいずれにも一致しない。

線分AQと線分BPの交点をRとする。

BP＝CP、AQ＝CQのとき、△ABC∽△QPCであることを証明せよ。　（都立・西）

<考え方>

△PBCと△QACが相似な二等辺三角形であることに注目します。

<証明>

△PBCはBP＝CPの二等辺三角形であるから、

The Hare and the Tortoise

暑い日が続きますが、体調は崩していませんか。せっかくのまとまった休みです。勉強の面でライバルに差をつけるために、計画的に勉強しましょう。そして受験生のみなさん、ぜひこの夏を制して受験を制してください。自分の行きたい学校に合格するためには、どれくらいの実力が必要なのか、そこから逆算し、直近で行われる模試でどれくらいの数値（点数や偏差値）を取る必要があるのか、その数値をクリアするためには、どの科目のどの分野を勉強する必要があるのかを分析してください。

闇雲に勉強してもつらいだけですし、自分の得意な科目、好きな科目だけを勉強して、苦手科目から逃げてしまったら、志望校合格からは遠ざかってしまいます。ぜひ悔いのない夏を過ごしてください。

さて、今回取り上げるのは、6月号でも取り上げた、Aesop(イソップ)著『AESOP'S FABLES(イソップ寓話)』から『The Hare and the Tortoise(ウサギとカメ)』です。「あるとき、ウサギに歩みの鈍さをバカにされたカメは、山のふもとまでかけっこの勝負を挑んだ。かけっこを始めると予想通りウサギはどんどん先へ行き、とうとうカメが見えなくなってしまった。ウサギは少しカメを待とうと居眠りを始めた。その間にカメは着実に進み、ウサギが目を覚ましたとき見たものは…」という話です。みなさんも聞いたことがある話だと思いますので、機会があればぜひ英語の原作で読んでみてください。

今回学習するフレーズ

"There's really ①no reason to hurry." Soon the hare ②was sound asleep.
③When the Hare finally woke up with a start, he ④saw the Tortoise just reaching the finish line far ahead.

全　訳

「急ぐ理由なんてないよ。」するとすぐにウサギはぐっすりと寝てしまいました。
ウサギが出発しようとやっと目を覚ますと、ウサギは、カメがはるか先でちょうどゴールに到着しようとしているところを見ました。

Grammar＆Vocabulary	
① 名詞 to + 動詞の原形	～するための 名詞 ・～するべき 名詞 ⇒不定詞の形容詞的用法(to+動詞の原形が名詞を修飾している) (ex) He has a lot of homework to do today.「彼は今日、するべき宿題がたくさんある」
② be sound［fast］asleep	ぐっすり眠る
③ when 主語＋動詞	～が…するとき ⇒ 接続詞のwhen (ex) It began to rain when they got to the station.「彼らが駅に到着したとき、雨が降り始めた」
④ see A ～ing	Aが～しているのを見る ⇒ 知覚動詞の用法 (ex) I saw him crossing the street.「私は彼が道を渡っているところを見た」

英語　英語で読む名作

川村 宏一先生

早稲田アカデミー　教務部中学課　上席専門職

学校説明会　生徒・保護者対象

9月14日(土) 13:00〜都外生対象　15:00〜都内生対象
10月19日(土) 9:00〜都外生対象　13:00〜都内生対象
11月16日(土) 9:00〜都外生対象　13:00〜都内生対象

個別相談会　生徒・保護者対象

9月14日(土) 14:30〜都外生対象　16:30〜都内生対象
10月19日(土) 10:30〜都外生対象　14:30〜都内生対象
11月16日(土) 10:30〜都外生対象　14:30〜都内生対象

公開学校行事

●北斗祭(文化祭)　王子キャンパス本館
9月22日(日) 12:00〜15:00・23日(祝) 9:00〜15:00

予約制個別相談会　※12/10(火)予約締切

12月14日(土) 13:00〜

順天高等学校

王子キャンパス(京浜東北線・南北線 王子駅・徒歩3分)
東京都北区王子本町1-17-13　TEL.03-3908-2966
新田キャンパス(体育館・武道館・研修館・メモリアルホール・グラウンド)
http://www.junten.ed.jp/

みんなの数学広場

TEXT BY かずはじめ

数学を子どもたちに、楽しく、わかりやすく、使ってもらえるように日夜研究している。好きな言葉は、"笑う門には福来る"。

問題編

初級～上級までの各問題に生徒たちが答えています。どの生徒が正しい答えを言っているか当ててみよう。もちろん、当てずっぽうじゃなく、実際に問題を解いてみてね。

答えは次のページ

上級

2つの直線 $\begin{cases} \ell : y = ax \\ m : y = x + 2 \end{cases}$ があります。

ℓ は a の値によっていろいろと変化しますが必ず（0，0）を通ります。

ここで ℓ と m の交点 P を考えます。

ℓ の a の値がいろいろ変化するとき交点 P もいろいろ変化しますが、次の３人のうち正しいことを言っているのは誰でしょうか。

A

答えは…

交点 P は

平面上の点すべてを表すことができる。

B

答えは…

交点 P は

2点だけ通らない点がある。

C

答えは…

交点 P は

1点だけ通らない点がある。

中級

ホテルと空港とを結ぶシャトルバス１台があります。
始発から当日中は運行されます。ホテル発午前５時２分が始発です。ホテルと空港間はきっちり３分。シャトルバスがホテルと空港に着くと２分間停車します。
さて、このシャトルバスは片道を１回と数えることにすると１日に何回運行されるでしょうか。

A

答えは…
227回
ちゃんと計算したよ。

B

答えは…
228回
全部数えたよ。

C

答えは…
229回
計算は完璧です。

初級

世界で初めてノーベル賞の数学分野「ノーベル数学賞」を受賞したのはどこの国の人でしょうか？

A

答えは…
アメリカ人
名前に「ク」がつく人だったはず。

B

答えは…
日本人
確か有名な人だよね。

C

答えは…
まだいない
あれっ、そんな賞あったっけ？

みんなの数学広場

解答編

上級

正解は 答え C

$y=ax$ の a は傾きを表します。
a の値によって下の図のように
いつも 0 を通る直線になります。

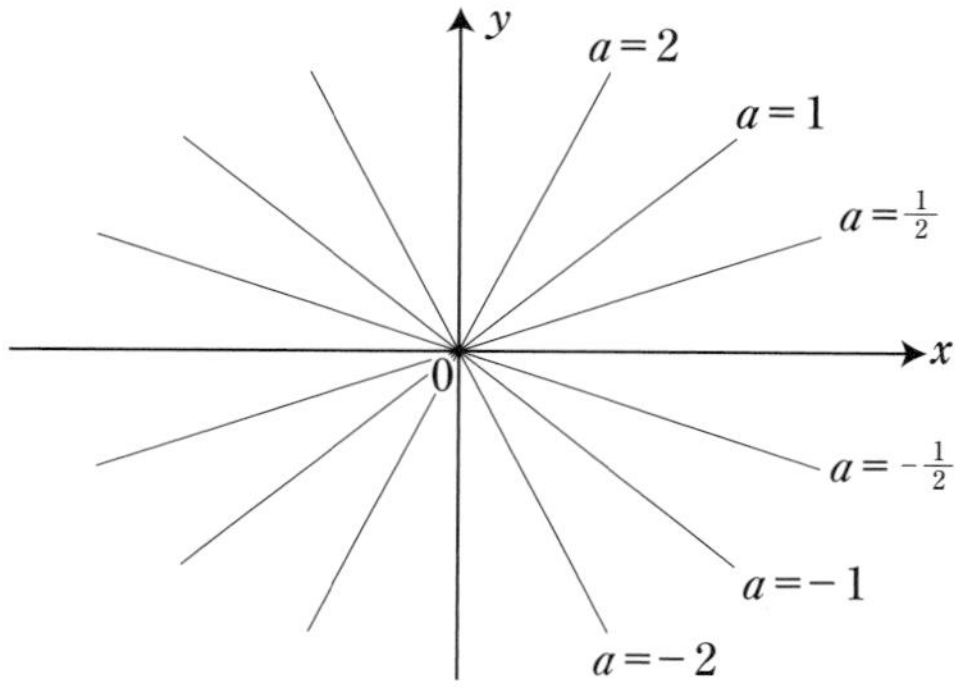

しかし、$y=ax$ は y 軸にだけは、なれません。
y 軸は $x=0$ と表しますが $y=ax$ の形の式は
$x=\frac{y}{a}$ これが $x=0$ とは書けません。
なぜなら $x=\frac{y}{a}=0$ と書けたとすると
$y=0$ になり、
$x=y=0$、
つまり（0，0）原点になるからです。
すなわち、直線 $y=ax$ は
（0，0）原点であるという
間違った文になってしまいます。
直線≠点ですから
$y=ax$ は y 軸には、なれません。

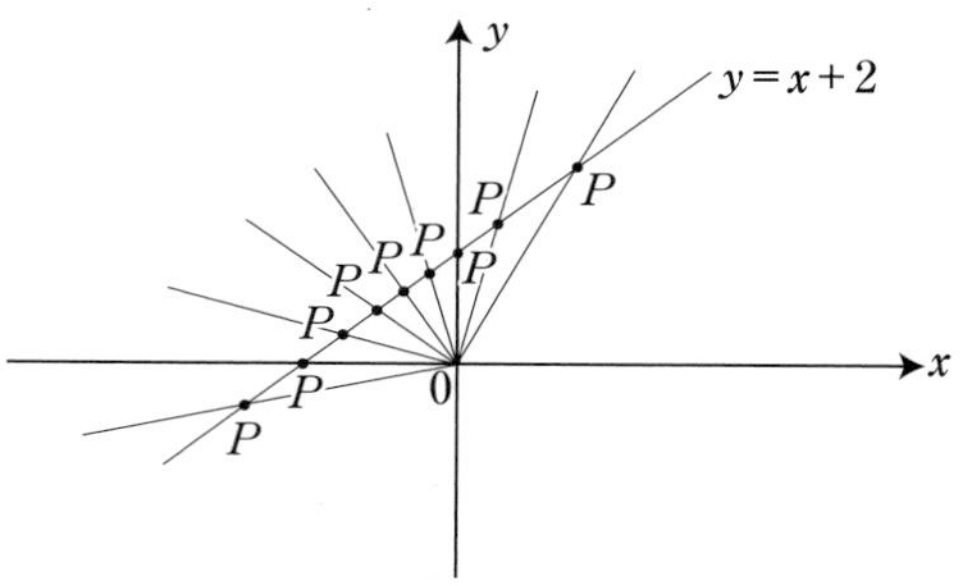

ということは、
交点 P は m：$y=x+2$ 上にありますから
P は $y=\begin{cases} x+2 \\ y\text{軸}\ (x=0) \end{cases}$
の交点（0，2）のみ存在しません。
したがって交点 P は 1 点だけを通りません。

交点 P は ℓ と m の共通な点です。
$y=x+2$ 上に限られます。

2 点？ もしかして $x\to\infty$ や
$x\to-\infty$ とか考えた?

中級

正解は 答え **A**

時刻表を作ってみましょう。（○は運行回数）

ホテル発		空港着		空港発		ホテル着
5:02	①→	5:05	→	5:07	②→	5:10
5:12	③→	5:15	→	5:17	④→	5:20
5:22	⑤→	5:25	→	5:27	⑥→	5:30
5:32	⑦→	5:35	→	5:37	⑧→	5:40
5:42	⑨→	5:45	→	5:47	⑩→	5:50
5:52	⑪→	5:55	→	5:57	⑫→	6:00
6:02	⑬→	6:05	→	6:07	⑭→	6:10
			⋮			

⋮

23:42 → 23:45 → 23:47 → 23:50（ホテル行き最終便）

23:52 → 23:55（空港行き最終便） → 23:57 → 24:00（日付が変わるので運行できない）

というわけで

5:02 ～ 6:00 に 12 回
6:02 ～ 6:00 に 12 回
⋮
22:02 ～ 23:00 に 12 回
23:02 ～ 23:55 に 11 回

12 × 18 ＋ 11
＝ 227 回

23 時台も 12 回に数えてしまったかな。

あれっ、なんで 2 回も多いの?

初級

正解は 答え **C**

ノーベル賞には数学分野はありません。つまり「ノーベル数学賞」は存在しません。
数学の分野では「フィールズ賞」という権威のある賞があります。

それって誰!?

えっ、なんて人!?

法政大学

経営学部経営戦略学科1年

小河《おがわ》　りさ さん

法政大の人気講座「自主マスコミ講座」

——法政大の経営学部に入学したきっかけを教えてください。

「大学ではマーケティングを学んだのち、将来は広告代理店に就職したいと思い、さまざまな大学の経営学部・商学部・経済学部を中心に受験し、法政大の経営学部に入学しました。」

——なぜ広告代理店で働きたいのですか。

「高校生のころにあるCMを見て、CMはだれがどんなふうに作っているのかということに興味を持ちました。調べてみると、広告代理店が作っているんだとわかり、私も見る人の心に訴えるようなCMを作ってみたいと思いました。」

——経営学部ではどのようなことを勉強していますか。

「いまはまだ1年生なので、マーケティン

先輩に聞け！

大学ナビゲーター

に就職したい

スノーボードも得意な小河さん

【中3の夏休み】

ほとんど塾にいた記憶があります。家に帰ってからも夏期講習の復習や予習など、毎日8時間は勉強していました。

夏休みまではバスケットボール部に所属していて塾には通っていなかったので、部活を引退してから夏期講習で初めて塾に通いました。「勉強するってこういう感じか！」と、初めての塾というだけで少し興奮し、その気持ちがあったから毎日楽しんで通うことができました。

私の場合は、塾という新しい環境が新鮮だったので、うまく受験モードに切り替えることができました。

【高校のスキー部】

高校ではスキー部に所属していました。冬になると、夜行バスで近くのスキー場に行って合宿をするなど、活動が盛んでした。合宿では、上手な人を見習ってたくさん滑ったのが思い出です。

シーズン以外の時期は、ひたすら筋トレをしたり、ローラーブレードを使って校内で走るトレーニングをしていました。

グの講義はなく、経済や簿記の講義があります。講義内容は難しいですが、お金の仕組みなどがわかるので将来のためになります。

いま一番楽しい講義は英語で、いままで勉強してきた受験英語とは違い、もっと実用的な英語を学んでいます。ネイティブの方が教えてくださり、テキストも外国のものを使います。内容も読んでいて引きつけられるものが多く、初めて知る言い回しもあるのでおもしろいです。これまで中・高で学んできた英語の基礎があるからこそ楽しめる講義です。」

――サークルには所属していますか。

「『イビューサ』というボランティアサークルに所属しています。このサークルは、法政大だけでなく、日本全国の大学からボランティアをしたい学生が集まっている大規模なサークルです。活動は、地域のゴミ清掃から国際的な支援活動までさまざまなことを行います。

大学ではとくにやりたいことを決めていなかったこともあり、ふと興味を持ったこのサークルに入りました。いざ所属してみると、とても本格的なボランティア活動をしていて、ボランティアに必要な知識や、心肺蘇生法なども学ぶことができます。私は、この夏に実施する海岸のゴミ清掃にまずは参加する予定です。」

――これからの大学生活で頑張りたいことはなんですか。

「法政大には広告代理店などのマスコミ業界への就職をめざす人のために『自主マスコミ講座』という講座があります。私は広告代理店への就職をめざしているので、その講座を受講して、広告に関する勉強を頑張りたいです。

自主マスコミ講座では、アナウンサーコースや広告コースなどに分かれ、外部の講師の方の講演を聴いたり、マスコミ業界で働くための教養などを学びます。受講するときは、スーツを着て受ける決まりがあったりと厳しい講座ですが、マスコミ関係に就職したい人にとっては人気の講座です。受講するには試験に合格しなくてはいけません。いまは、2年生から受講できるように、気合いを入れて勉強しているところです。」

――将来はどんな仕事をしたいですか。

「キャッチコピーやCMなど、消費者の購買意欲を高めたり、見る人の心を引きつけるようなものを作りたいです。」

経営学部がある市ヶ谷キャンパス

マーケティングの知識をつけて憧れの広告代理店

【数学の勉強法】

記述問題などを解くとき、答えが合えばよしとするのではなく、私は途中のプロセスも重視していました。数学のレベルをあげるためには問題数をたくさんこなしつつ、途中式もきちんと確認して進めることが大事です。間違えたときも、今回はここまで解けたから次回は最後まで解けるようにしよう、というふうにどこまで解けたかを確認することを重視して数学の学習を進めました。

【過去問を始める時期】

過去問は、秋くらいからたくさん解いた方がいいと思います。受験の直前から過去問を始めると、それだけで1日が終わってしまうこともあり、その復習の時間がとりにくくなってしまいます。

過去問を解いたあと、復習をして基礎の確認までできるようにするには、普段の勉強と過去問に取り組む時間とのバランスを取っていくことが大切だと思います。

【受験生へのメッセージ】

私は受験勉強中、塾のクラス分けのテストのときなどは、テストに出る範囲しか勉強しないことがありました。その結果、1番上のクラスになって周りの人に見栄を張ることはできましたが、結局そのクラスのレベルについていくのにはとても苦労しました。

受験勉強は、周りに見栄を張らずに、その場しのぎではなく、最後を見据えて勉強に励んでください。

あれも日本語 これも日本語

第42回

茶道用語から生まれた言葉

室町時代に始まり、安土桃山時代の千利休によって大成されたといわれる茶道から生まれた言葉についてみてみよう。

茶道といえば、まず浮かぶのは「一期一会」。「いちごいちえ」と読むよ。生涯にただの1回だけという意味だ。

茶道は、亭主と客が向かい合い、亭主が茶をたて、客がそれをいただくのだけれど、その行為を通して、茶の道を究めることを目的にしている。亭主と客の出会いは一生に一度、その機会は二度と訪れない、という意味だ。だから、なにごとも真剣勝負。そこから、同じ機会は二度とない。いまのこの機会に、全力を出しきるという意味で使われるようになった。

この「亭主」も茶道用語だ。茶をたてる人のことをいう。いってみれば茶会の主人、プロデューサー。「亭主」というと通常は男性のことだけれど、茶道に限っては女性にも使われる。

「点心」。もとは禅の言葉だけれど、茶会で、茶をいただく間に食べる軽い食事のことだ。いまでは中華料理の軽い食べもののことも「点心」というね。

「路地」。茶会は普通、茶室で行われる。茶室にはにじり口という小さい入り口があり、亭主や客人はそこから出入りする。そのにじり口に続く道が「路地」だ。現在では狭い道路のことをさすけれど、もとは茶道の言葉だったんだ。

最後に忘れてはいけないのが「侘《わ》び」と「寂《さ》び」だろう。

言葉で説明するのはとても難しいけれど、「侘び」とは静かで落ち着いて、簡素で、しかも精神的に満ち足りている感情をいう。「侘び住まい」というのは、そういう心で暮らすことだ。贅沢《ぜいたく》とか豪華とはまったく逆の思想だね。

「寂び」は古くて趣きのあること、なんて辞書に載っている。古いけれど、それが価値になっているものなどをさす。使い古されて光沢の出た茶器とか、昔ながらの簡素な掛け軸とか、そういうものに日本人は美を見出し、価値を認めてきたんだ。

茶道の用語は難しい言葉が多いけれど、機会があったら茶道を習って、静かな心境になり、自分自身を見つめるのもいいと思うよ。

ミステリーハンターQの 歴男歴女 養成講座

ミステリーハンターQ（略してMQ）

米テキサス州出身。某有名エジプト学者の弟子。1980年代より気鋭の考古学者として注目されつつあるが本名はだれも知らない。日本の歴史について探る画期的な著書『歴史を堀る』の発刊準備を進めている。

春日 静

中学1年生。カバンのなかにはつねに、読みかけの歴史小説が入っている根っからの歴女。あこがれは坂本龍馬。特技は年号の暗記のための語呂合わせを作ること。好きな芸能人は福山雅治。

山本 勇

中学3年生。幼稚園のころにテレビの大河ドラマを見て、歴史にはまる。将来は大河ドラマに出たいと思っている。あこがれは織田信長。最近のマイブームは仏像鑑賞。好きな芸能人はみうらじゅん。

遣唐使

当時の先進国・唐の文化や技術を求めて派遣された遣唐使。２６０年以上続いた遣唐使がなぜ廃止されたかわかるかな？

勇 来年は遣唐使が廃止されて１１２０年なんだって。

静 なんで廃止になったの？

MQ 遣唐使は、６３０年から８９４年まで、２６０年以上続いた中国への使節だね。遣唐使の前には遣隋使があったんだ。

勇 遣隋使はいつからなの？

MQ 聖徳太子《しょうとくたいし》が摂政だった６０７年から６１４年まで3回にわたって隋に遣わされた使節のことだ。国書を持参し、留学生や留学僧も同行し、中国の進んだ思想、文物などを日本に持ち帰ることが目的だった。最初は小野妹子《おののいもこ》が大使だった。４回派遣されたという説もある。

静 隋が滅んで、唐に切り替わったのね。

MQ ６１８年に隋が滅んだため、遣隋使のあとをうけて遣唐使が派遣されたんだけど、２６４年間に15回も派遣された。大使、副使、留学生、水夫にいたるまで、多いときで５００人もの人が唐に渡ったんだ。

勇 荒波を越えて行くんだから、かなり危険だと思うけど、そうまでして唐に渡る理由はなに？

MQ 当時の日本からすると、唐はなにもかもが優れている文化的先進国だった。平安京の建設が唐の長安を模倣したことは知られているね。政治制度の仕組み、さまざまな学問、技術、仏教など、学ぶべきものが多くあり、多くの人が留学したがったんだ。

静 どんな人が留学したの？

MQ 政治家では吉備真備《きびのまきび》、藤原清河《ふじわらのきよかわ》、学者では阿倍仲麻呂《あべのなかまろ》、留学僧では真言宗を開いた空海《くうかい》、天台宗を開いた最澄《さいちょう》、法相宗の玄昉《げんぼう》らが留学した。阿倍仲麻呂や藤原清河は、留学後日本に帰ろうとしたけど、悪天候などで何回も失敗し、結局、帰国することができなかったんだ。

勇 それだけの成果があったのに、廃止になったんだ。

MQ 唐から多くのものを学び、それを日本の政治や学問に活かすことができた。しかし、唐の国力もだんだん弱ってきた。また、日本側も経費があまりにかかることから、菅原道真《すがわらのみちざね》が派遣の停止を勧告、８９４年に廃止が決まったんだ。ちなみに停止になった最後の遣唐使の大使には菅原道真自身が予定されていたんだよ。

静 唐も政情不安になったのね。

MQ その通り。各地で反乱が起こり、最後に予定された遣唐使からわずか13年後には唐は滅んでしまった。

教えてマナビー先生！

世界の先端技術

イプシロンロケット

日本の技術の粋を集め人工衛星を安く簡単に打ち上げるロケット

プロフィール

日本の某大学院を卒業後海外で研究者として働いていたが、和食が恋しくなり帰国。しかし科学に関する本を読んでいると食事をすることすら忘れてしまうという、自他ともに認める“科学オタク”。

8月の打ち上げを待つばかりのイプシロンロケット ©JAXA

8月、鹿児島県内之浦にあるロケット発射基地から打ち上げられようとしているのがイプシロンロケットだ。

ロケットの打ち上げ技術は、複雑で、難しい技術の代名詞になっているほどだけれど、それをできるだけ簡素化して、価格も安くみんなが使いやすいものにしようというのがイプシロンロケット計画だ。

技術者たちは打ち上げに必要な機材や打ち上げ技術を根本から見直し、いままでは打ち上げるのに40日以上かかっていたのを、打ち上げから後片付けまでたったの７日で終えることができるようにしたんだ。

ロケットを発射台に組み立てたあとの、膨大な点検作業を自動化、また、いままで部屋いっぱいの装置が必要だった技術もパソコンで制御できるようにしたんだ。７日間で打ち上げができるのは世界一のスピードで、すごいことなんだよ。

イプシロンロケットは３段式の固体燃料を使ったロケットにＰＢＳと呼ばれる小型の液体推進装置を組み込んでいる。ＰＢＳにより一般の液体ロケット同様の精度で人工衛星を軌道に乗せることができるようになった。最新の技術や材料を使うことで、いままでの固体ロケットＭ－Ｖ（はやぶさを打ち上げた）に比べて約半分の費用で打ち上げることができる。今後は部品の共通化、量産化によってもっと費用を抑えることができるそうだ。

打ち上げが簡単で、費用がかからないだけじゃない。打ち上げ時のロケットの振動も細かく調べて解析、対応することで少なくなった。振動の抑制は積み込まれる人工衛星の保安にとって大変重要なことなんだ。

これからはイプシロンロケットでいろんな研究機材が、安く、安全にそしてすばやく宇宙に運ばれるようになりそうだ。日本が開発したイプシロンロケットが世界中の人に使われる日が来るといいね。

あたまをよくする健康

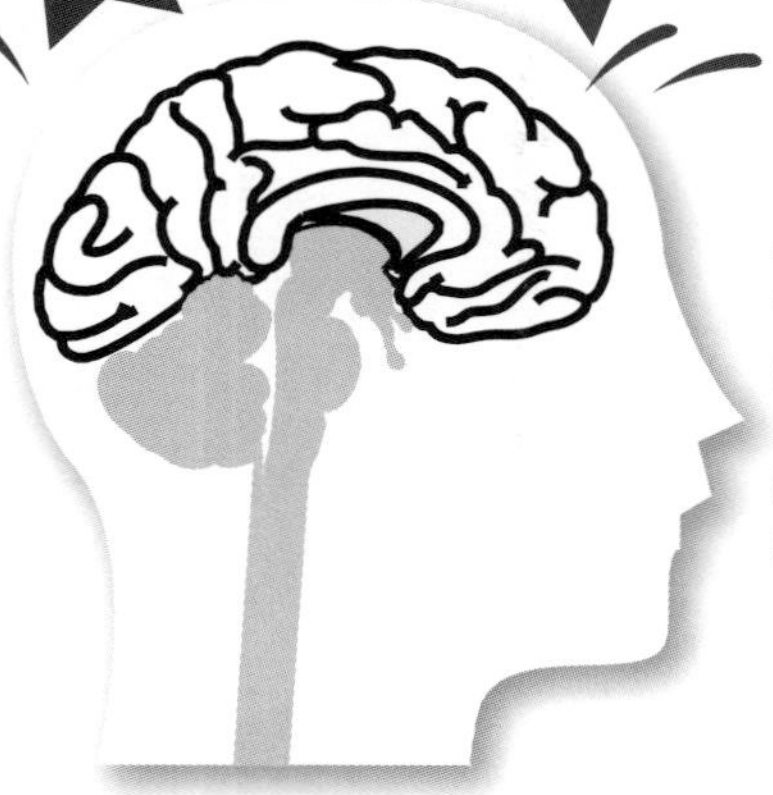

ナースであり
ママであり
いつも元気な
FUMIYOが
みなさんを
元気にします！

by FUMIYO

今月のテーマ

カフェイン

ハロー！　FUMIYOです。さあ、夏休みの季節です！　この夏はどんな夏休みにしようか、みんな考えている？　部活動に、遊びに、宿題…。受験生はこの夏の勉強の進め方を考えていたりしているかな？　「夜の涼しくなった時間に、勉強に取り組もう」といって机に向かってみたものの、睡魔との戦いになるなんてことも。眠気覚ましにカフェインの入っている飲みものを飲もうとする人も多いんじゃないかな。でもいったいカフェインってなんだろう。

カフェインを辞書で引いてみると…

「コーヒー豆・茶の葉・カカオの実などに含まれるアルカロイド（※）。苦味のある白色の結晶で、中枢神経の興奮や強心・利尿などの作用があり、薬用。茶素。テイン。」（大辞泉）

※アルカロイド→植物体に含まれる窒素を含む塩基性の有機化合物で、多くは酸と結合して塩になっている。毒性や特殊な生理・薬理作用を持つものが多い。タバコのニコチンや茶のカフェイン、ケシのモルヒネなど。植物塩基。

これを読んでみると、植物に含まれていて、中枢神経に働きかけて奮い立たせてくれそうで、ちょっと中毒性がありそう…というイメージですね。

一見危険なもののように思えるけれど、カフェインはいろいろな飲みものに入っているし、上手にカフェインを取ると、眠気覚ましに効果が得られるんです！

まず、眠気とカフェインの関係を見てみましょう。

脳のなかにあるアデノシンという物質は、脳の活動を抑えたり、睡眠中枢に働きかけて、脳全体を眠らせる働きを持っています。このアデノシンが脳に溜まってくると、眠気が強くなってきます。カフェインは、アデノシンが細胞に働きかけるところを邪魔することで、眠気を減らしてくれます。また、脳を興奮させる作用も持っているので、楽しい気分でハイテンションにしてくれるため、目が覚めた気分にもなるのです。

では、体内に入るとどのように働くのでしょうか？　カフェインを摂取すると、一部は胃から、残りの大部分は小腸から吸収されます。口から入って約45分後には、ほとんどが吸収されるそうです。しかし、カフェインを摂取してから血液内の濃度が最高になるのは15～120分と、条件によって変わります。カフェインの効果は、摂取してから大体１～２時間で得られるそうです。

しかし、眠くなりたくないからと言って、カフェイン入りの飲みものをガブガブ飲むのはよくありません。カフェインもたくさん取ると中毒になることがあります。また、飲み過ぎて眠れない、なんてことにもならないように、飲み過ぎには注意しましょう！

Q1 カフェイン入りの温かい飲みものと、冷たい飲みものでは、どちらが早く体内に吸収されるでしょうか？

①温かい飲みもの　②冷たい飲みもの

正解は①の温かい飲みものです。
温かい飲みものを飲んだときには、血液内のカフェイン濃度が最大になるのは、摂取後30分～１時間ですが、冷たい飲みものは１～２時間後に最大になります。

Q2 カフェインの入っていない飲みものはどれでしょうか？

①緑茶　②コーラ　③ミネラルウォーター

正解は③のミネラルウォーターです。
コーヒーはもちろんのこと、紅茶、コーラ、緑茶にも含まれています。とくにお茶のなかの玉露はコーヒーよりもカフェイン含有量が多いんですって！

Success News

ニュースを入手しろ!!

サクニュー!!

産経新聞編集委員
大野 敏明

▶PHOTO　インターネット活用の選挙運動を解禁する改正公職選挙法を可決、成立させた参院本会議（東京・国会・参院本会議場）　時事　撮影日:2013-04-19

今月のキーワード

ネット選挙解禁

インターネットを使った選挙運動を解禁する公職選挙法改正案が成立し、7月に投票される参議院選挙から実施されることになりました。

これまでは街頭演説、立会演説、選挙カー、掲示板、電話、チラシなどによって選挙運動が行われていましたが、インターネットが広く普及し、海外でもインターネットを使った選挙運動が一般化していることから、日本でも解禁となったのです。

参議院選挙は選挙区と比例区に分かれていて、有権者は選挙区では候補者個人に、比例区では個人か政党に投票することになっています。このため、選挙運動も候補者と政党が行います。

参議院選挙から認められるのは、候補者、政党とも、ホームページ、ツイッター、フェイスブックなどを使った運動です。それらを通じて、候補者や政党の政策を訴えることができます。

また、候補者や政党の動画などを配信して、投票を呼びかけることもできます。さらには候補者や政党がメールで投票を呼びかけることも可能になりました。

しかし、ネット上に広告を出すことは禁止されています。ただし、政党が自分の政党のホームページに誘導するバナー広告はＯＫです。

候補者や政党だけでなく、一般の有権者もインターネットを使って選挙運動をすることができます。自分のホームページやツイッター、フェイスブックで、自分の応援する候補者や政党への投票を呼びかけることが可能になりました。

また、インターネットを使って、候補者に政策の質問をしたり、立会演説会の様子を撮影してネットで中継することもできます。

しかし、一般有権者がメールで選挙運動をすることは禁止されています。

便利になったようではありますが、誹謗中傷メールや、なりすましメール対策をどうするかといった問題もあります。

このため、政党や候補者は公共機関などに「本人情報」を登録、サイトやメール上に「認証マーク」を表示することで、本人であることを確認するという方法がとられます。

一方で、インターネットで候補者を応援することはＯＫですが、それをプリントして配布することは許されていません。演説会などの連絡をメールでするのはいいのですが､ファックスするのは違法です。

このようにわかりにくい点もあり、政府は参議院選挙後に、改めて問題点を整理することにしています。

サクセス書評

8月号

『本泥棒』

少女はなぜ『本泥棒』なのか 本が彼女にもたらしたものは

舞台は第2次世界大戦当時のドイツ。主人公は1人の女の子。語り手はなんと、死神だ。表紙にも、女の子と大きな鎌を持った死神が描かれている。

タイトルの『本泥棒』とは、主人公の少女、リーゼル・メミンガーのこと。とはいっても、彼女が四六時中本を盗んでいるわけではなく、そこには理由があり、それが、彼女のことが気になって仕方がなかった死神によって語られていく。

リーゼルは、とある事情から産みの親のもとを離れ、里親のローバーマン夫妻に預けられることになる。いつも優しく包み込んでくれる夫のハンスと、だれに対しても（リーゼルやハンス含め）ものすごく口が悪いが、その裏で大きな愛を持つ妻のローザ。

彼らはけっして裕福ではなく、むしろ貧しい部類に入る家庭だった。それでも、夫妻や隣の家に住む親友となるルディらに支えられながら少女は成長していく。

さらに、ハンスの助けを借り、文字もろくに読めなかったリーゼルが少しずつ文字を読み、書けるようになっていく。そして、ある本との出会いをきっかけに、自分で本を書いていくことになる。

しかし、みんなも歴史の授業で習うように（まだの人は調べてみよう）、戦争初期は優勢だったドイツも、どんどん旗色が悪くなっていく。

さらに、フーバーマン家は当時ドイツで排斥されていたユダヤ人の青年をかくまうようになり、事態はますます混迷を極めることに。

そうした状況でも、本がリーゼルの救いになり、彼女の生命を助けることにもなるのだが…。

この本は、あとがきも含めて692ページにもおよぶ長編で、普段本を読み慣れていない人には、全編を読み通すのはなかなか難しいかもしれないが、世界各国で思春期の読者を中心にベストセラーになった。楽しいことばかりが起きるわけではないけれど、読んだ人それぞれが、いろいろなことを考えられる本だ。

興味を持った人は、ぜひ一度挑戦してみてほしい。

◆『本泥棒』

著／マークース・ズーサック
訳／入江 真佐子
刊行／早川書房
価格／2200円＋税

平和を唱えた偉人たち

マザー・テレサ

2003年/イタリア・イギリス/東芝エンタテインメント/監督:ファブリツィオ・コスタ/

「マザー・テレサ　デラックス版」DVD発売中
3,990円(税込)
発売元:ショウゲート
販売元:ジェネオン・ユニバーサル・エンターテイメント

ガンジー

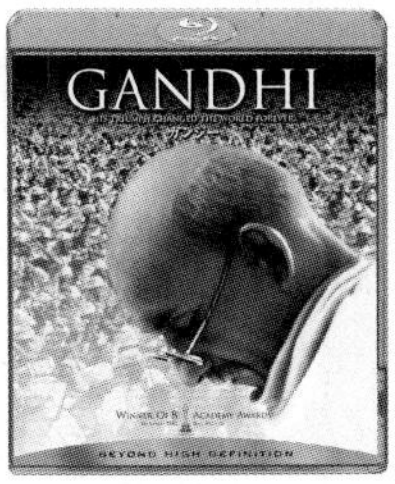

1982年/イギリス・インド/コロンビア映画/監督:リチャード・アッテンボロー/

「ガンジー」Blu-ray発売中【1枚組】
2,500円(税込)
発売・販売元:(株)ソニー・ピクチャーズ エンタテインメント

The Lady アウンサンスーチー ひき裂かれた愛

2011年/フランス・イギリス/角川映画/監督:リュック・ベッソン/

「The Lady アウンサンスーチー ひき裂かれた愛」
DVD発売中
3,990円(税込)
発売元:角川書店
販売元:角川書店

貧困の救済に捧げた生涯

貧しい人々への救済活動が高く評価されたマザー・テレサの生涯を描いた映画。1946年、インド・カルカッタのカトリックの女子校で教鞭をとっていたマザー・テレサは、宗教抗争で傷ついた若者を手当てしたことで修道院長と対立し、ダージリンへ転任することに。しかし、その道中で神からのメッセージを感じ、再びカルカッタへ戻って、貧困に苦しむ人々を救うための活動を始めます。

そんな彼女への周囲の反応はさまざまでしたが、そのなかで大きな支援を得て次々と孤児院や医療施設を創設。さらに新しい教団を立ちあげるべく突き進みます。マザー・テレサを中傷するスキャンダルや、詐欺事件、さらには本人の狭心症など、多くの苦難に見舞われますが、彼女の鉄の意思は揺るぎません。

1979年にノーベル平和賞を受賞。1995年にカルカッタの修道院で87歳の生涯を閉じるまでに、彼女の慈悲深い愛と、人柄からにじみ出てくるような美しさは人々の心を癒し続けました。36〜87歳までのマザー・テレサを1人で演じきったオリビア・ハッセーの熱演も光ります。

「インド独立の父」ガンジーの映画

「非暴力、不服従」を提唱し、インドを独立へと導いた宗教家マハトマ・ガンジーの映画。

1893年、当時イギリスの植民地であった南アフリカ。スーツに身を包んだガンジーは、弁護士として南アフリカに出向いていました。そこで受けたのは、ひどい人種差別でした。当時、インド人は白人と並んで道を歩くことすら許されませんでした。インド人の人権を求めて、ガンジーは行動に出ます。

幾度とない失敗やイギリスの策略にも屈せず、1947年、ついにインドは独立を勝ち取ったのでした。しかし、ガンジーの願ったヒンズー教徒とイスラム教徒の共生するインドという壮大な願いは実現されることなく、ヒンズー教徒に暗殺され、78歳でその生涯を閉じたのです。

ガンジーの葬儀シーンや演説シーンなど、映画に動員されたエキストラ数は30万人以上。仕草や風貌までをガンジーそっくりに模倣したベン・キングズレーのアカデミー主演男優賞をはじめ、作品賞、監督賞、撮影賞など8つの賞を受賞する映画史に残る大作となりました。

女性としての葛藤も浮き彫りに

アウンサンスーチーが、ノーベル平和賞の受賞演説をしたのは、2012年6月のこと。しかし、彼女が実際に賞を受賞したのは1991年。独裁政治を強いるビルマの軍事勢力に軟禁されていたため、式に出席できなかったからです。元々、アウンサンスーチーはイギリス人の夫と結婚し、2人の息子にも恵まれ、イギリスで幸せな生活を送っていました。しかし、1988年、病気の母を見舞うために祖国ビルマへ。このとき元将軍の娘であったアウンサンスーチーは、民衆から圧倒的な支持を受け、独裁政治を強いる軍事政権に対抗すべく立ちあがりました。

彼女がどんな圧力にも屈せず祖国のために闘えたのは、つねに夫と息子たちのサポートがあったからでした。ところが、戦況が深刻になるにつれ、家族との連絡を絶たれ、会うことができなくなってしまいます。妻か、母か、あるいは祖国のためのリーダーか。アウンサンスーチーの心は揺れ動きます。彼女が選んだものはなんだったのでしょうか？　女性リーダーとしての葛藤と苦悩がリアルに描かれています。

高校受験 ここが知りたいQ&A

Q 夏休みの学習計画を どう立てていいかわかりません。

高校受験は夏休みが天王山だと、先輩や先生から聞いています。夏休みが大事だとはわかるのですが、どのように学習計画を立てたらいいのでしょうか。具体的に教えてください。

（川崎市・中3・KS）

A 塾の夏期講習を中心に 到達度に応じた計画を立てましょう。

高校受験に限らず、大学入試においても受験学年の夏は非常に大切な時期で、「夏を制する者は入試を制する」と言えるでしょう。なぜなら中学３年生の夏というのは、部活も終了し、来春の高校入試に向けて全力でとりかかることができる時期だからです。当然、自分の気持ちも勉強しようという決意ができていることでしょう。

さて、その学習計画ですが、まずは塾の夏期講習を中軸に定めて計画を立てることが肝要です。中3の夏期講習は時間も長く、内容的にも深く学びます。ですから、まずは講習の日程を確認し、塾での学習時間を確かめましょう。そのうえで、塾の授業の予習・復習に一定の時間をかけることで講習での学習効果が高まります。

夏期講習において使用されるテキストは、総まとめの内容であり、自分の弱点の発見や補強に役立つものが用意されています。講習内容に沿って自分でも勉強していくことで、その効果は大きくなります。

そして、各自の到達度に応じ、応用的な学習を徐々に組み入れましょう。学習が進んだ人は、得意科目だけでも実際の過去問題を解いてもいいでしょう。高得点は無理でも、入試問題のレベルを実感できます。不得意科目は、中1・中2範囲の復習を計画に入れ、基礎を固めていきましょう。

教えてほしい質問があれば、ぜひ編集部までお送りください。連絡先は96ページをご覧ください。

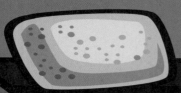

生徒

なんとなく得した気分になる話

先生

身の回りにある、知っていると
勉強の役に立つかもしれない知識をお届け!!

失われた数学

先生！　カレーライスとライスカレーはどっちが正しいの？

えっ？　どっちも正しいんじゃないかな…。

ぼくのおじいちゃんが、ライスカレーっていつも言うんだよね。

そういえば、ライスカレーは１つの皿のなかにご飯とカレーがかかっている、いっしょ盛りのもので、カレーライスはご飯のお皿とカレーの入れ物の２つで出てくる…って聞いたことがあるけど、定かではないなあ。

もしそうだとすると、結局、カレーライスも食べるときにカレーをご飯の上にかけるんだから、ライスカレーな気がするなあ。でも普通はカレーライスって言うなあ。

まあ、口のなかに入れてしまえば、どっちでも同じだから、そんなことにはこだわらなくてもいいんじゃないか？　君はすぐにどうでもよいことをこだわるね（笑）

どうでもいいわけじゃないよ。ただ、不思議な気がするだけ。

確かに不思議だな。算数でも同じようなことがあった気がする。

また数学？

いや、今回は算数だよ。

さ・ん・す・う　ですか。

分数だ。小学生のころに仮分数は、いつも帯分数に直していたよね。ところがだ、中学生になったら、帯分数に直さないよね？

あっ、確かにそうだ。直さないね。でもなんで？

まあ、文字式を中学１年生のころに習ったろ。そこで混乱しないためだと思うんだよ。例えば、小学生のころの$\frac{7}{3}=2\frac{1}{3}$は$2+\frac{1}{3}$のこと。しかし、中学１年生で$A\times B=AB$と「×」の記号を省略すると教わる。ということは、帯分数であるはずの$2\frac{1}{3}$は$2\times\frac{1}{3}$と間違って解釈されてしまう。この防止だろうね。

ほかにも変わったというか、勉強が進むとなくなるものって数学でもあるの？

中学3年生で習う無理数、つまり√のついた数の有理化だよ。

全然わかんないや。

ちょっと難しいか。例えば$\frac{1}{\sqrt{2}}$であれば、中学の数学では分母の有理化をして$\frac{\sqrt{2}}{2}$と書くけれど、高等学校の数学で理系に進むとこの分母の有理化をする必要がなくなる。そればかりか、大学では、ほぼ分母の有理化をしないんだよ。

へえ～学年があがると省略できるのは逆な気がするよ。未熟のうちの方ができないことが多いんだから簡単でいい気がするけど。

でもなあ、なにごともベテランになってからが省略できるものだから、数学としてはいいんじゃないか。

ほかにはないの？

じつはある。大学になると不等号の記号、例えば≧の記号がなんと≥になる。「＝」の２本の棒が１本になるんだよ。なんでも省略ってやつだ。合理的でとてもいいね。美しい。やはり数学は美だな。

どこが美なのかさっぱりわからない。合理化とか言って、じつは横着なだけじゃないの。

いや、合理化だ。カレーライスも本来は、１つのお皿で食べられる洗いものを合理化できるもの。これも美しいエコライフじゃないか？

あ～あ聞くんじゃなかったよ。聞いても聞かなくてもこのカレーライス問題は解決しないね。

まあ、食べ比べれば解決じゃないか。カレーライスとライスカレーを。

じゃあ、おごってくれる？

キミの口はいつも辛口だね。

サクセスランキング
Success Ranking

都道府県別投票率ランキング

7月28日に第23回参議院議員選挙が開かれる。みんなが投票権を得るのはもう少し先だけど、有権者はどのくらいの割合で１票を投じているのだろうか。今月は、前回2010年の参議院議員選挙、そして2009年の衆議院議員総選挙の都道府県別の投票率のランキングだ。みんなが住んでいる都県は何位だろうか？

第22回参議院議員選挙(2010年)投票率

順位	都道府県	投票率（%）
1	**島根県**	**71.70**
2	鳥取県	65.77
3	福井県	65.26
4	秋田県	65.05
5	富山県	64.86
6	長野県	64.72
7	山梨県	64.04
8	山形県	63.97
9	佐賀県	63.05
10	大分県	62.96
11	山口県	61.91
12	熊本県	61.91
13	北海道	61.89
14	福島県	61.63
15	長崎県	61.30
16	新潟県	60.99
24	東京都	58.70
38	埼玉県	55.83
39	神奈川県	55.56
41	千葉県	54.85

※小数点第3位を四捨五入

第45回衆議院議員総選挙(2009年)投票率

順位	都道府県	投票率（%）
1	**島根県**	**78.35**
2	石川県	75.67
3	長野県	75.67
4	鳥取県	75.30
5	山形県	74.93
6	山梨県	74.29
7	佐賀県	74.15
8	福井県	74.11
9	富山県	73.75
10	北海道	73.65
11	新潟県	73.41
12	岩手県	73.41
13	秋田県	73.27
14	岐阜県	73.09
15	福島県	72.82
16	三重県	72.37
36	神奈川県	68.26
44	東京都	66.37
45	埼玉県	66.25
47	千葉県	64.87

データ：総務省

受験情報

Educational Column

15歳の考現学

「到達度評価」に傾いていく
都立高校や大学入試センター試験に
多様な教育が増えていく予感

私立 INSIDE

私立高校受験

2013年度神奈川私立高校
入試結果概況

公立 CLOSE UP

公立高校受験

都立高校の「大学合格力」は
どこまで伸びたか？

BASIC LECTURE

高校入試の基礎知識

学校の情報は
どう集めたらよいか

神奈川

神奈川公立が各校の選考基準を公表

神奈川県教育委員会は５月16日、来春の2014年度入試について、各校の選考基準を一覧にして、ホームページ上に掲載した。

各校の学力検査の教科（３科目または５科目）、また、各校の学科ごとの選考基準（資料の取り扱い比率、重点化する教科、面接の学校ごとの観点など）、特色検査を実施する場合、「実技」か「自己表現」かが記載されている。

※この一覧表は神奈川公立の入試システムに詳しくないと、見方が難しいので学校や塾の先生といっしょに見てみましょう。

埼　玉

埼玉公立2015年度入試日程発表

埼玉県は現在の中学２年生が受検する2015年度公立高校入試日程を早くも、以下のように発表した。

[募集期間]
2015年２月18日（水）、19日（木）
[志願先変更期間]
２月23日（月）、24日（火）
[学力検査]　３月２日（月）
[実技・面接]
３月３日（火）※一部の学校
[合格発表]
３月10日（火）

Educational Column

森上《もりがみ》 展安《のぶやす》

森上教育研究所所長。1953年、岡山県生まれ。早稲田大学卒業。進学塾経営などを経て、1987年に「森上教育研究所」を設立。「受験」をキーワードに幅広く教育問題をあつかう。近著に『教育時論』（英潮社）や『入りやすくてお得な学校』『中学受験図鑑』（ともにダイヤモンド社）などがある。

15歳の考現学

「到達度評価」に傾いていく都立高校や大学入試センター試験に多様な教育が増えていく予感

課題をグレード別にする都立高 到達度評価にするセンター試験

高校受験に際して、入り口の心配が先に立って入学後の勉強のことは耳に入りにくい面もあるでしょう。ですが、ここにきて東京都立高校の学習課題をグレード別に分ける、という考え方が打ち出されたことを耳にされてはいませんか。

それだけを聞くと、なんだか唐突な感じを受ける人もいるでしょうが、一方で政府の教育再生会議で、大学入試センター試験の廃止と、それに代わる試験として到達度評価テストに変えようとしていることが先日、報道されました。

日本の教育制度はいろいろ議論のあるところですが、欧米諸国とアジア諸国との違いがそうであるように、上級学校に行くのに入試をするか、しないか、という点がじつに大きく違うところです。

もちろん、わが国では中国、韓国、台湾と同じように入試があります（教育学者のなかには儒教文化圏をその理由にあげている方もおられますが）。この違いが大きいのです。

ただ、学校制度そのものには入試のあるなしにかかわらず選抜機能があります。むしろ、その教育内容の違いを明示して、明示された内容の教育を受けたいという生徒を受け入れることで、その選抜機能は発揮されてもいるのです。

いまは義務教育が中学校までですが、高校無償化の制度設計の前提として、高校まで準義務教育（事実上の義務教育）とみなしています。

当然、そこには能力、個性が違う生徒が混在しますので、高校で習う内容も一律では対応できません。

少なくともセンター試験は、現状ではハイレベルの生徒には基本に過ぎ、ローレベルの生徒には難しい試験になっていて、選抜機能は十分とは言えなくなっています。

つまり、高校の段階で到達度の違いが大きいからそうなるので、それならば高校生修了時点で、このレベルの到達度なら大学としては受け入れますよ、というセンター試験になってもらう必要があります。

それはあくまでも到達度ですから、1点を争う集団準拠の相対評価ではなく、一定の点数以上は合格という基準準拠の考え方になります。

学校ごとの到達度目標が明確化
それが多様な教育の引き金に

近ごろ、よく大学入試にTOEFLを導入せよ、という議論が話題になりましたが、あれはTOEFLという基準準拠テストで、一定のスコアをとれば、アメリカの大学授業についていけます、という到達度を表しているのです。

つまり、今度のセンター入試の廃止といい、難しい到達度評価テストの導入といい、こうしたTOEFLと同じ考え方が、今回の制度改革のもとにあります。

ですから都立高校のグレード別の考え方にしても、3カ年の学習課題の到達度はこのレベルですよ、と明示することで、それが新しいセンター入試の到達度とどうリンクするかが、わかるわけです。

したがって、到達度評価というのは教育目標を明示することがポイントになります。新しいセンター試験の到達度がイギリスのようにAレベルとOレベルの2段階になるのか、アメリカのSATのように1本にしてスコアで差が出るものになるのか、あるいは、わが国の現状を反映して3レベルくらいに分かれるのか、今後の方針を待ちますが、いずれにしても目標が明示されます。

当然、それは大学の要求水準ですから、大学ごとに、あるいは学部ごとに要求水準が違うことがあってよいわけですね。

これまでの相対評価のように、ほかの人より1点でも高ければ合格ということではないところが非常に好ましいところです。

ただし、一定の基準をクリアしているかどうかは、複数回の審査をして学力の品質を測定するので、ここにも一発勝負ではない基準準拠の考え方が新しいセンター試験に反映されているのです。

ところが、この新たなセンター試験の実現は5年後くらいを考えている、というので、現在の中学生の多くの方は関係のない話ということになります。

ただ、先行して都立高校のグレード分けは始まりますから、これにともない入試もグレードに沿ったグループ共通問題になるというのはとても合理的ですね。

さらに都立入試について言えば、本来はここも到達度評価になるのが望ましい、と筆者は考えています。

大学入試すべてが到達度評価になるわけではありませんが、それでも大多数の参加する共通テストが到達度評価になるインパクトは大きいでしょう。

また、同時にこれまで必ずしも明確ではなかった学校の到達度目標が明示されることも大変インパクトがあります。なにしろ目標は目標に過ぎない、という言いわけが通用しません。掲げた目標を生徒の8～9割方はマスターする、という結果を出さなくてはいけないのです。より、学校並びに教員にタイトな制度変更となります。

その学校の入学者は、いわば学校とその契約をして入学する、といってもよいのですから、この教育課程の目標設定は学校選びのよい対象になります。

これまでは、そうはいっても入試の傾向と出口の大学入試結果、つまり入り口と出口で学校選択をするのが実際的でしたが、ここに教育目標が入ることで、まさにその学校でなにがしたいか、が具体的にとらえやすくなります。

有り体に言えば、数学はこのレベルで十分だが、物理とか、英語はこのレベルまではやりたいとか、この分野を深く、この分野を浅く、といった選択ができるようになると、ずいぶんと学校選びが内容に即してでき、入学のモチベーションもさることながら、入学後のモチベーションも高く保てるようになるはずです。

また、その学校に進むためには基準としてこのくらいの学力が必要だよ、と客観的な基準が明示されれば（例えば英検3級あればよし、とか）、やみくもに入試問題をトレーニングするのでなく、受「検」準備も大変しやすくなるに違いありません。

いまは、そうではない。これは5年後の世界だ、というのは一面の事実ですが、しかし、海外の学校は以上のようなことが当たり前です。これから海外の学校の日本設置が増えていくことや、ネットによる講義視聴が可能になっていくことを考えると、日本の学校がそのように対応するのもそう遠くない時期になることでしょう。

多様な教育が増えていく予感がします。

したがって、自分に合った学校、自分を伸ばしやすい学校とは「なにか」「どこか」に、よりアクセスしやすい情報が学校から出てくることになります。

そういう意味では、外枠から与えられるものになりがちだった入試が、自らのキャリア育成になる内側からの制度に切り替わる、という可能性が出てきたように思います。

私立 *Inside*

2013年度神奈川私立高校 入試結果概況

協力：新教育研究協会

このコーナーは、受験生と保護者のみなさんが首都圏の私立高校やその入試の情報を知っていただくためのページです。とりわけ受験学年である中学3年生に役立つ知識、情報をお伝えしていきます。今回はこの春の神奈川県内私立高校の入試結果について取り上げます。「W合格もぎ」を運営する新教育研究協会のデータおよび分析協力を得ています。

公立の入試制度変更の影響受け志願者増える

神奈川県では、この春から公立高校の入試制度が大きく変わりました。その影響から、神奈川の私立高校への志願者が５０００人近くも増え、志願倍率も上がりました。県内私立高校全体の２０１３年度入試の状況は5月号でお伝えしていますので、今月号では、おもな私立高各校の個別状況を公立併願校なども含めて追ってみたいと思います。

さて、神奈川県ではほとんどの学校で私立高校志願者が増加していますが、推薦入試にも多くの志願者が集まっており、これが今春の神奈川私立高入試の特徴といえます。

従来は公立志向が強く、併願受験者は増えても推薦入試応募は減少する学校が多かったのですが、制度変更により公立高入試がどのようになっていくのか見込みが立たず、私立の推薦出願を決め、早めの合格を確保したかった生徒が多かったということでしょう。

また、公立併願校の学力レベルが下がっていることも今春の特徴としてあげることができると思います。

とくに、比較的入りやすい私立高校の公立併願校を見ると普通科主体だったこれまでから、公立の総合学科高校や専門学科の高校との併願者も増えているという傾向があります。

これはやはり公立が「先の見えない入試」のため、公立受検は安全志向優先で受けるため、ランクを落として総合学科や専門学科高校を受けるという傾向だったのでしょう。

それでは、各校の入試結果を見ていきましょう。

旭丘は推薦志願者が減少し、一般入試の志願者が増加しました。公立併願校には平塚農業や平塚商業、平塚工科などの併願者が増加しました。

麻布大渕野辺は推薦、一般入試ともに志願者が増えました。ここは来年度から特進クラスと進学クラスを設置します。

アレセイア湘南は基準を緩和しましたが、特進選抜と進学特化の加点措置をやめたことで、この2コースの志願者はそれほど増えていません。

柏木学園は推薦、一般入試とも増。

鎌倉学園は書類選考の基準をアップしたことが影響したのか志願者は減、一般入試もそれに呼応するように志願者減となりました。

鎌倉女子大高は推薦、併願ともに基準を上げましたが、一般入試の志願者は増加しました。

書類選考を導入した**北鎌倉女子学園**は、この選考に普通コースで40人、特進コースで15人の志願者がありました。

鵠沼《くげぬま》は文理コースの併願基準を上げましたが、志願者は倍増する人気でした。

慶應義塾は推薦入試の志願者が増加しました。一般入試はほぼ前年度並みの入試となっています。

向上は文理コースの推薦志願者が増加しました。一般入試も各コースで増加しています。

光明相模原は併願志願者が増えています。

相模女子大高は進学コースの併願基準を緩和しました。特進とともに志願者が増えており、緩和がなくても同じ結果だったのかもしれません。

湘南工科大附属は基準値を変えていませんが、各コースとも志願者が大幅に増えました。体育コースは推薦のみですが、こちらも志願者増です。公立高校が安全志向となり公立併願校のレベルが下がっているものと見られます。

移転した**湘南学院**は、「アドバンス」と「選抜スタンダード」両クラスの推薦志願者が増加しました。併願入試は各クラスで志願者増となっています。「スタンダードクラス」の公立併願校は、横須賀明光を除く専門学科高校との併願者は前年度は5％程度でしたが、今春は横須賀工業や横浜商業、県立商工などが増えて8％ほどになりました。

聖和学院は書類選考入試を導入したり、加点措置を拡大したり、特待生の基準を緩和したりしましたが、募集規模が小さく併願しにくいようで志願者数は微増にとどまりました。

相洋は進学ⅠとⅡを統合して「進学」とし、基準も上げましたが、進学に限らず他のコースも志願者は増加しています。従来、進学Ⅱの方では公立の専門学科との併願者もいましたが、進学になって普通科高校との併願中心になりました。専門学科との併願者は商業科にスライドしたような形です。

高木学園女子も普通科の基準をアップしましたが、併願志願者は増加しています。その他の学科も増加しており家庭科は倍増しました。家庭科は新栄や綾瀬などやはり公立普通科高校との併願者が多かったのですが、今春は横浜緑園総合や横浜清陵総合、鶴見総合など総合学科高校との併願者が増加しています。

橘学苑も特進以外の各コースの基準をアップしました。総合進学クラスの併願者は倍増しており、併願9科は27から28にアップしましたが、

5科15という選択肢も加えたため受験生にとっては基準が上がった印象は薄かったようです。

立花学園は普通コースを「総合進学コース」に名称変更しました。ここも各コースで志願者は増加です。その総合進学コースの公立併願校を見ると、従来から受けていた秦野総合や吉田島総合、厚木商業などとともに中央農業、小田原総合ビジネス、小田原城北工業などの併願者も見られるようになりました。

移転した**中大横浜**は推薦基準を上げましたが志願者は増加しました。一般入試も5科型が大幅に志願者増です。

来春は高校も男女共学になるため、さらに人気が上がりそうです。

鶴見大附属は、特進と総進を合同募集として定員を85人から60人削減しました。内申基準も一本化したので、前年度の総進の基準より併願は2ポイント程度上がりました。逆に推薦、一般入試ともに志願者は減少しています。

桐蔭学園は理数科と理数コースのB方式、併願入試の志願者が増加しました。

東海大相模は推薦志願者と単願、併願それぞれ志願者増です。

桐光学園は併願優遇はありません。1回目の男子の志願者は増加しましたが、2回目は男女とも減少しており、私立同士の併願者が減少しているように思えます。

藤嶺学園藤沢は前年度並みです。説明会参加者は倍増していましたが、最終的な志望者には結びつかなかったようです。

日大高は推薦志願者が減です。5科22または9科40を、5科22かつ9科39にしたことが影響したのかもしれません。また併願者は微増でとどまっており、こちらも前述のorをandにしたことによるものと思われます。

日大藤沢は定員減の影響か、推薦入試の志願者は減少。一般入試は増えて来年につながりそうです。

白鵬女子は今春、「国際コース」を新設しました。

注目は総合コースの志望状況です。推薦、一般入試ともに志願者が増加しています。公立の併願校は、昨年は新羽、白山などの普通科と鶴見総合や横浜緑園総合などの総合学科高校との併願者が主体でしたが、今春はそれに加え、相原や平塚農業、市立川崎の「生活科学」など専門学科との併願者も見られました。

平塚学園は推薦入試の志願者は減少したものの、一般入試は各コースで大幅に増えています。推薦志願者は減少したが専願志願者は増えたとのお話です。

藤沢翔陵は文理コースの志願者が減少しています。基準値をアップしましたが、2年次+3年次の3科を3ポイントアップ、また3年5科15を17へと2ポイント上げるなど大幅に基準を上げたことが影響したのでしょう。商業科も2年+3年の基準はアップしましたが1ポイントに留めており、しかも3年5科は14で変わっていないので、志願者はほぼ倍増しています。

武相は、一般入試のIAの志願者が増加しました。ここで注意したいのがIBの志願者はそれほど変わっていないというところです。**武相**の併願は私立OKですが、私立併願者はあまり増えていないことを示していると思われます。

法政女子は一般入試の志願者が減少しました。前年度の高倍率の反動と思われます。来春は「保育・福祉コース」を定員30人（推15、一般15）で新設する予定です。

法政二や**日本女子大高**のように併願優遇制度がないところは、**法政女子**もそうですが一般入試の志願者は減少しています。また、3校とも前年度の志願者増の反動もあったと思われます。

なお、**法政二**は2016年度より男女共学となります。来春の入学生は高3の時に共学になって、一部の新校舎が利用できるはずです。

三浦学苑は文理と普通コースから特進、進学、総合コースに変更しました。普通科としては前年度より約200人増加しています。総合コースの公立併願校は、従来、普通コースで専門学科高校との併願者はほとんどいませんでした。しかし、今春は横須賀工業や海洋科学との併願者もでてきています。新設された特進コースの公立併願校を見ると、横須賀大津と横須賀総合が最も多く、次に横須賀、追浜の順でした。

緑ヶ丘女子は基準を緩和し、各コースで併願志願者が増えました。

山手学院も推薦、一般併願の基準をアップし、それぞれ志願者は増加しました。

横須賀学院も大幅な志願者増です。

横浜は書類選考の志願者が大幅に増加しました。今春、文理コース（推、専、併とも）と特進の基準を緩和したことも影響したようです。

文理コースでは公立併願校として城郷や舞岡など普通科高校の併願者が主体でしたが、今春はそれに加え、横浜清陵総合や神奈川工業など総合学科、専門学科高校との併願者も増えました。

横浜創英は今春内申基準を上げました。その影響か推薦入試の志願者は増えず、普通コースはむしろ減少しています。ところが、一般入試の方は各コースで大幅に志願者増です。普通コースなどは倍増です。特進コースは今年度より部活動への参加ＯＫとなったことも志願者増に結びついたのではないかと考えられます。オープン入試の志願者は前年度とほとんど変わりませんでした。

横浜学園は推薦入試の定員を増やしたこともあって志願者が増えました。一般入試も普通コースは約４０人の大幅増です。普通コースの公立併願校では、商工や向の岡工業、磯子工業などとの併願者が1割程度いましたが、今春は藤沢工科、川崎総合科学なども加わり専門学科との併願者が若干増加しています。

横浜商科大高ですが、「スポーツ選抜コース」を新設したため、進学コースの定員が減ったのですが、それでも一般入試の志願者は大幅に増加しています。商業科も50人増と大幅に増えました。前年度までは商業科とはいえ、横浜商業や川崎市立商業などとの公立併願者は少なく、瀬谷や大和南、上鶴間など普通科との併願者が多かったのですが、今春は県立商工の総合ビジネスや横浜緑園総合などとの併願者も増えました。

横浜翠陵は文理コースの基準を推薦、専願、併願ともにアップしましたが、推薦入試、一般入試の併願受験ともに志願者は増加しています。

横浜清風は総合進学の推薦志願者も増加しています。特進は公立との併願者が増加しました。内申の加点措置を廃止し、基準も5科17のみとしましたが、影響はほとんどなかったようです。やはり併願受験生の説明会参加者が増えていました。

横浜創学館は特進と総合進学の基準を上げました。その影響からか、この2コースの併願志願者数は前年度とあまり変わっていません。基準を変更しなかった文理選抜コースについては大幅に増加しています。

横浜隼人は推薦、一般入試ともに志願者が大幅に増えました。

この春の反動から来春の私立は易化しそう

このように神奈川県の私立高校の多くで志願者増です。公立併願者では、公立併願校が安全志向、さらに公立の倍率も高くなかったため、実際に私立高校に入学した生徒は多くはなかったものと思われます。

来春は公立中学校卒業生の数が今春よりさらに１４００人増え、私立各校で志願倍率が上がるでしょう。

しかし、公立の新入試制度は2年目となって「この春の結果から今度は先が見える」ことになり、公立への回帰ということが考えられます。

今春の反動もあって来春の神奈川私立入試は易化することになりそうです。

都立高校の「大学合格力」はどこまで伸びたか？

今年、都立の進学指導重点校から難関大学（東大、京大、一橋大、東工大、国公立大医学部医学科）に合格した者の合計は348名と、指定以来最多を記録しました。今回は都立の「大学合格力」を調べました（資料は㈱大学通信から提供を受けました）。

進学校の指定と重点校の見直し

東京都では、大学進学にとくに力を入れる学校を、次の4グループに分けて指定しています。

①進学指導重点校（進学重点校）…日比谷、戸山、西、八王子東、青山、立川、国立の7校（2017年度までの指定、青山は来年度までの指定）。

②進学指導特別推進校（特進校）…小山台、駒場、新宿、町田、国分寺、国際（昨年度加わった）の6校。

③進学指導推進校（推進校）…三田、豊多摩、竹早、北園、墨田川、小松川、城東、江北、江戸川、日野台、武蔵野北、小金井北、調布北の13校。

④中高一貫6年生教育校（一貫校）…*桜修館、富士、大泉、*小石川、白鷗、両国、*南多摩、*立川国際、武蔵、*三鷹の10校（*は中等教育学校で高校募集は行わない）。

一方、都では東大、京大、一橋大、東工大および国公立大学医学部医学科を「難関大学」と位置付け、これらの大学に現役で合格することを、都立の進学校の第一目標に掲げています。

このため、①の進学重点校は「難関大学進学を目指す学校」として、②の特進校は、「難関大学を中心とした進学実績の向上を目指す学校」として、③の推進校は、「国公立大学及び難関私立大学への進学を目指す取組を強化する学校」として、毎年、その成果を評価されています。

また、昨年6月には、④の中高一貫校でも「進学指導重点校等と同様に、組織的・計画的な進学指導を推進することができるよう都で支援する」としています。

上位3校で伸びる「難関大学」合格者数

グラフ①は、進学重点校の「難関大学」合格者数の2007年からの推移を示しています。

7校合計の合格者数は、この7年間で、現役が118人から151人と約1・3倍に、浪人は130人から197人と約1・5倍に、総数では、248人から348人と、ちょうど100人増え、約1・4倍に伸びています。

グラフ①では、増加に波があるものの、現役プラス浪人では着実に伸びていることがわかります。よく見ると、現役は2011年に前年より35名増と大幅に伸びています。

グラフ②は、**日比谷**、**西**、**国立**の3校の合計の推移ですが、2011年の伸びは37名と、7校合計の伸びを上回っています。上位3校が全体をリードする形が、このころからはっきりとしてきました。

各校別のグラフ（80ページ）でみると、**日比谷**と**西**が競うように伸びてきたことがわかります。現役では、**日比谷**が2008年～2011年の間に急伸して、**西**を抜きましたが、昨年、今年と抜き返されています。**国立**は徐々に2校に近づいてきました。

八王子東は漸減していましたが、昨年浪人が増え、現浪計では40名目前まで回復しました。しかし、今年は7年間で最も少ない数字に止まりました。

戸山は、増加基調だった現役が、今年大幅に減っています。**立川**はこの2年間現役が増え、上昇の機運が高まっているように見えます。正式な重点校指定を受けられなかった**青山**は、低迷しています。

これからは、**日比谷**、**西**、**国立**の上位3校と、他の学校の2グループに分かれていきそうです。

81ページの表で、各校の今年の大学別合格者数を調べると、東大では**西**が**日比谷**を上回っていますが、国公立大医学部では、**日比谷**がほかを圧倒しています。**日比谷**には、「東大文Ⅰから官僚へ」というイメージがありましたが、5年前にスーパーサイエンスハイスクール（SSH）の指定を受けて以来、女子を含めて理系への進学者が増えています。国公立のほかに、今春、私大の医学部にも、22件の合格数を出しています。

今後、進学重点校は、各校が生徒の進学先で他校と差別化することで、さらに激しい競争を展開することになりそうです。

合格力を合格率で比べる

81ページのグラフでは、合格者数を各校の卒業者数で割った「合格率」という物差しで合格力を比べてみました。

例えば、**西**の「難関大学」合格者数（現浪計）は95人。一方、今春の

グラフ①

進学重点校の難関大合格者数（7校計）

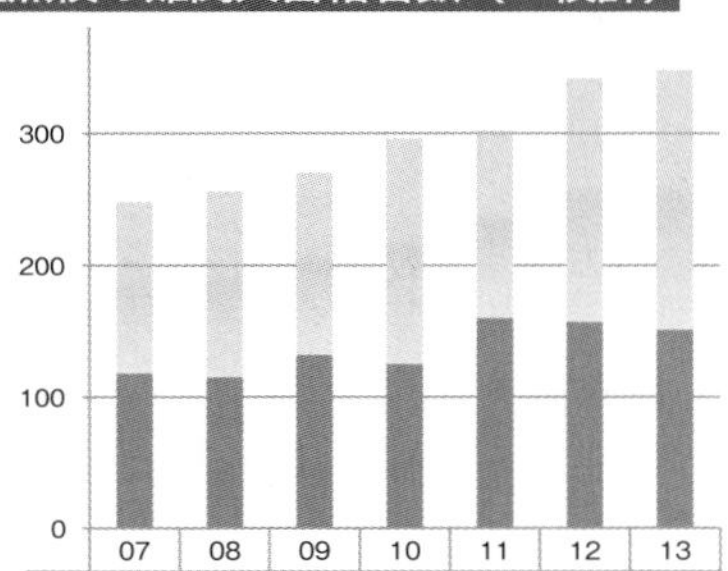

	07	08	09	10	11	12	13
浪人	130	141	138	171	142	185	197
現役	118	115	132	125	160	157	151

グラフ②

日比谷+西+国立

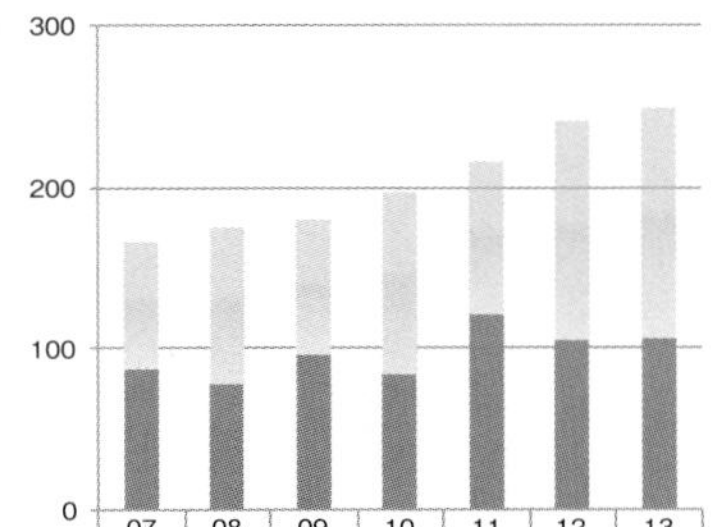

	07	08	09	10	11	12	13
浪人	78	97	84	113	95	136	143
現役	88	78	96	84	121	105	106

卒業生は326人でした。95割る326の計算を行って出た29％を、**西**の「難関大合格率」とします。**西**では10人中3人近くが東大、京大、一橋、東工大または国立大学医学部に受かっている（ただし、現役と浪人を合計した値です）ということになります。

国立大全体や早慶上理の合格件数まで広げて、各校の合格率を計算して、これも81ページにグラフで示しました。

同じグループでも、合格率には学校間で大きな違いのあることがわかると思います。

また数字は載せていませんが、昨年からの伸びの大きい学校と、縮小した学校があります。

難関大の合格率をアップさせたのは、進学重点校では**日比谷**で、昨年↓今年で22％↓27％。**八王子東**と**戸山**が下げ、**立川**が伸びたため、3校がほぼ並んだ形になりました。

国立大合計では、**八王子東**、**小山台**、**新宿**、**三田**、**豊多摩**などが伸ばしています。

早慶上理では、**戸山**、**青山**、**新宿**、**武蔵**、**両国**、**竹早**、**小金井北**、**日野台**などが伸ばしました。

各校別難関大合格者数

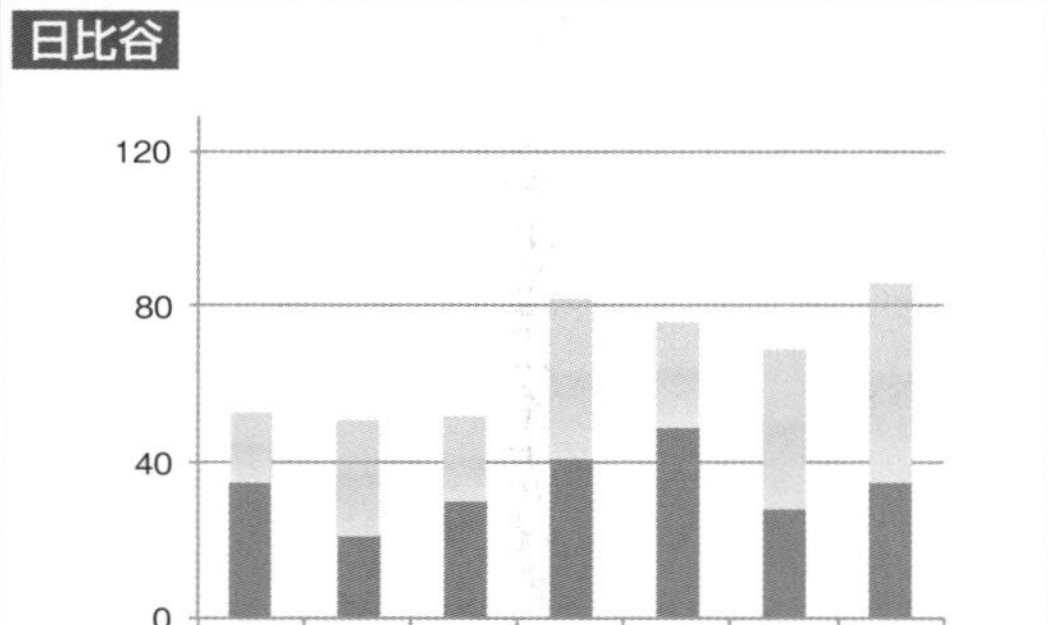

	07	08	09	10	11	12	13
浪人	18	30	22	41	27	41	51
現役	35	21	30	41	49	28	35

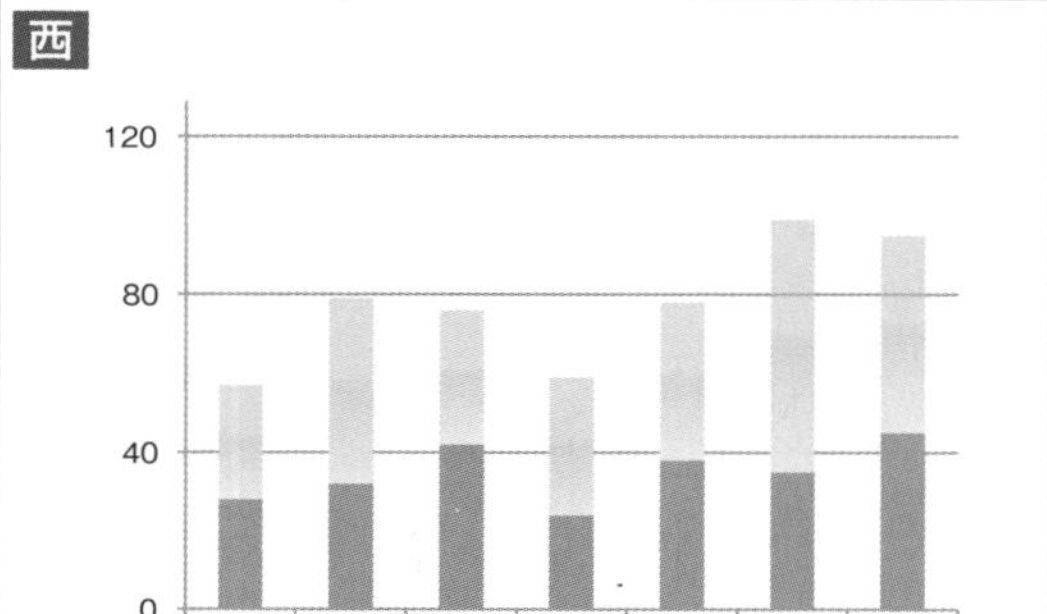

	07	08	09	10	11	12	13
浪人	29	47	34	35	40	64	50
現役	28	32	42	24	38	35	45

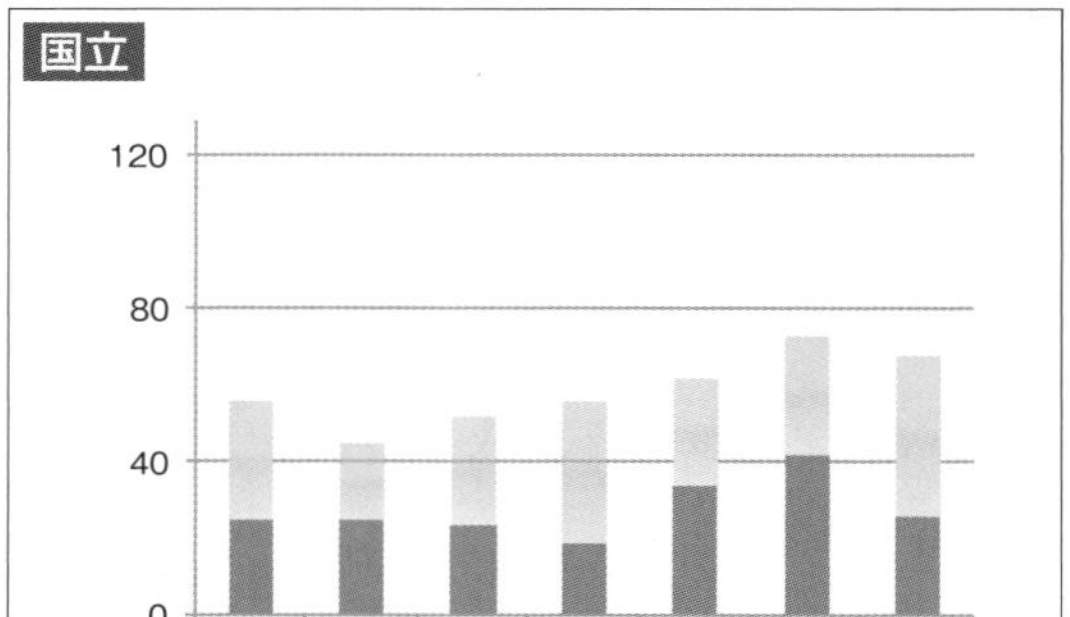

	07	08	09	10	11	12	13
浪人	31	20	28	37	28	31	42
現役	25	25	24	19	34	42	26

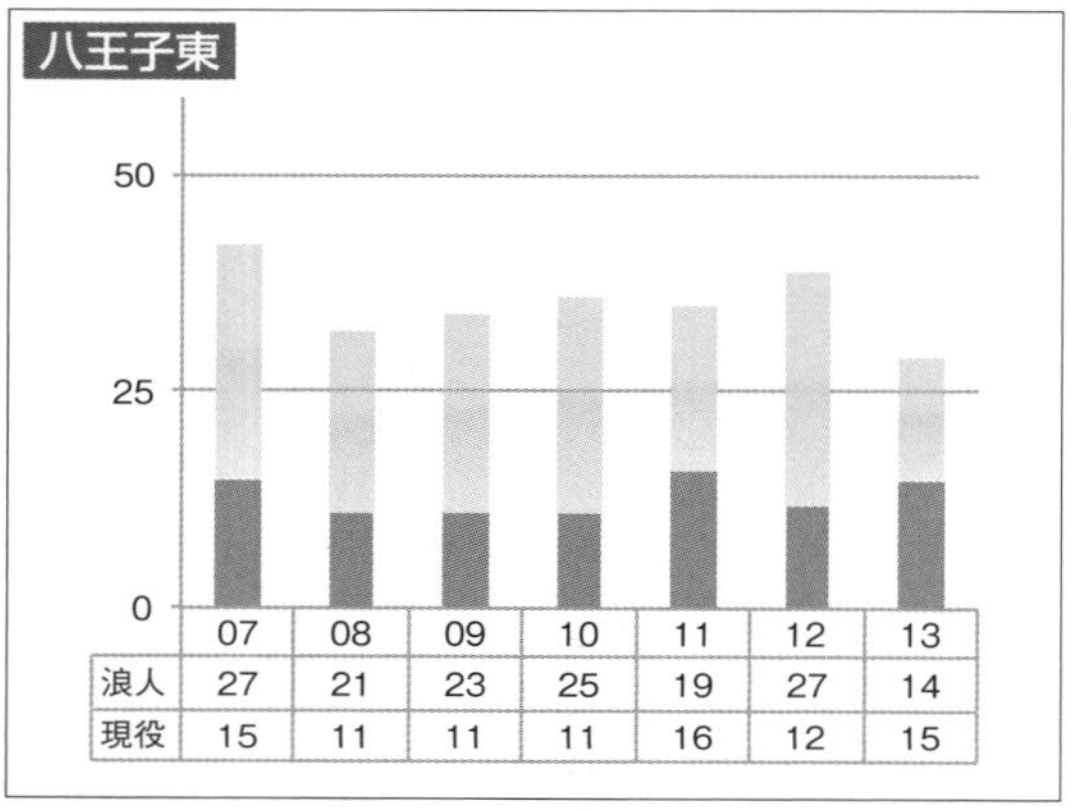

	07	08	09	10	11	12	13
浪人	27	21	23	25	19	27	14
現役	15	11	11	11	16	12	15

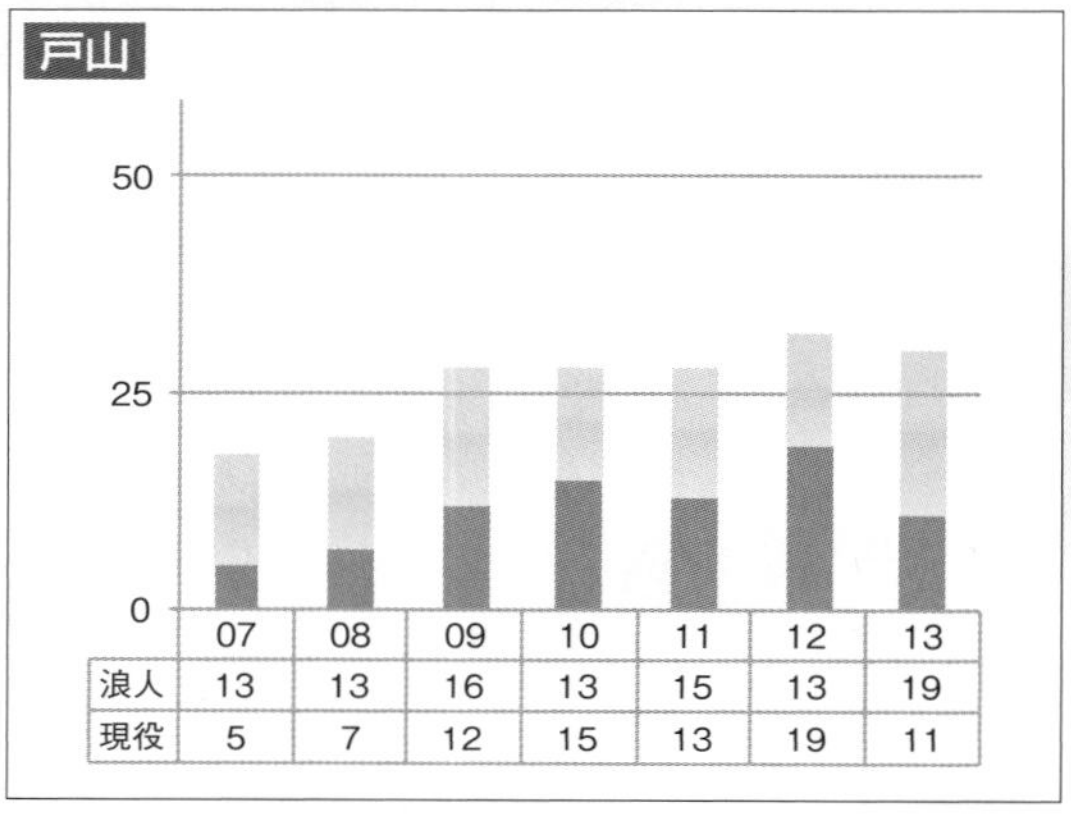

	07	08	09	10	11	12	13
浪人	13	13	16	13	15	13	19
現役	5	7	12	15	13	19	11

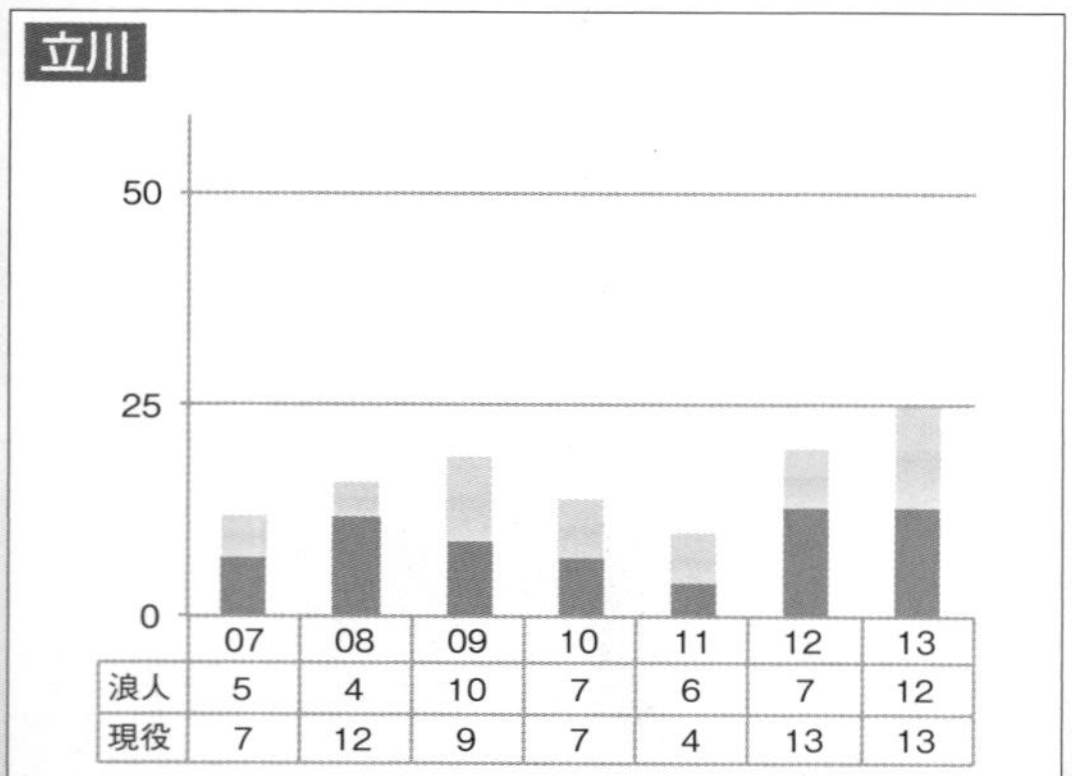

	07	08	09	10	11	12	13
浪人	5	4	10	7	6	7	12
現役	7	12	9	7	4	13	13

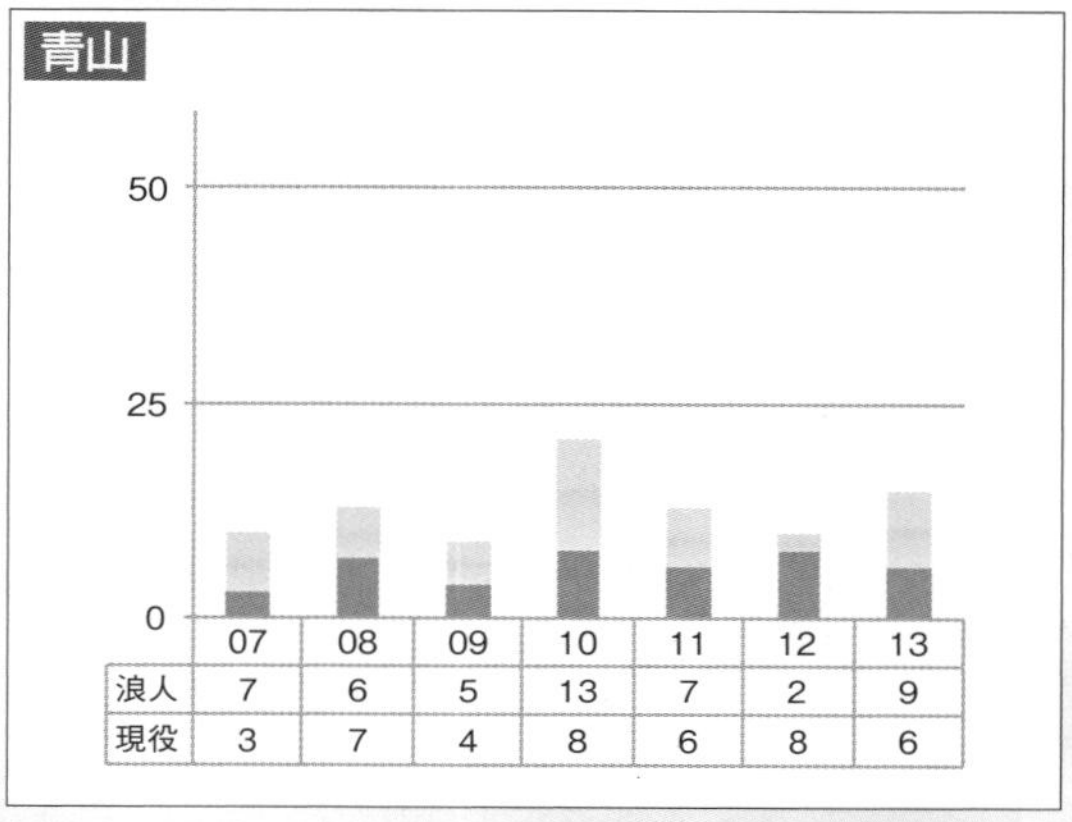

	07	08	09	10	11	12	13
浪人	7	6	5	13	7	2	9
現役	3	7	4	8	6	8	6

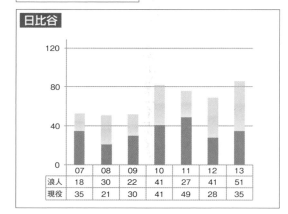

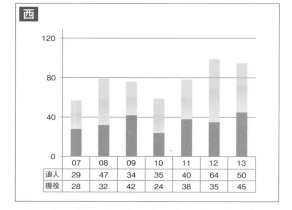

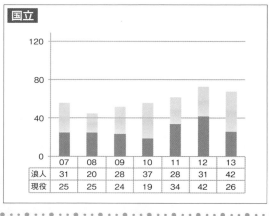

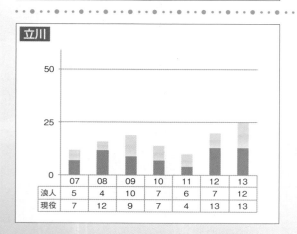

合格率（現浪計）「難関大学」

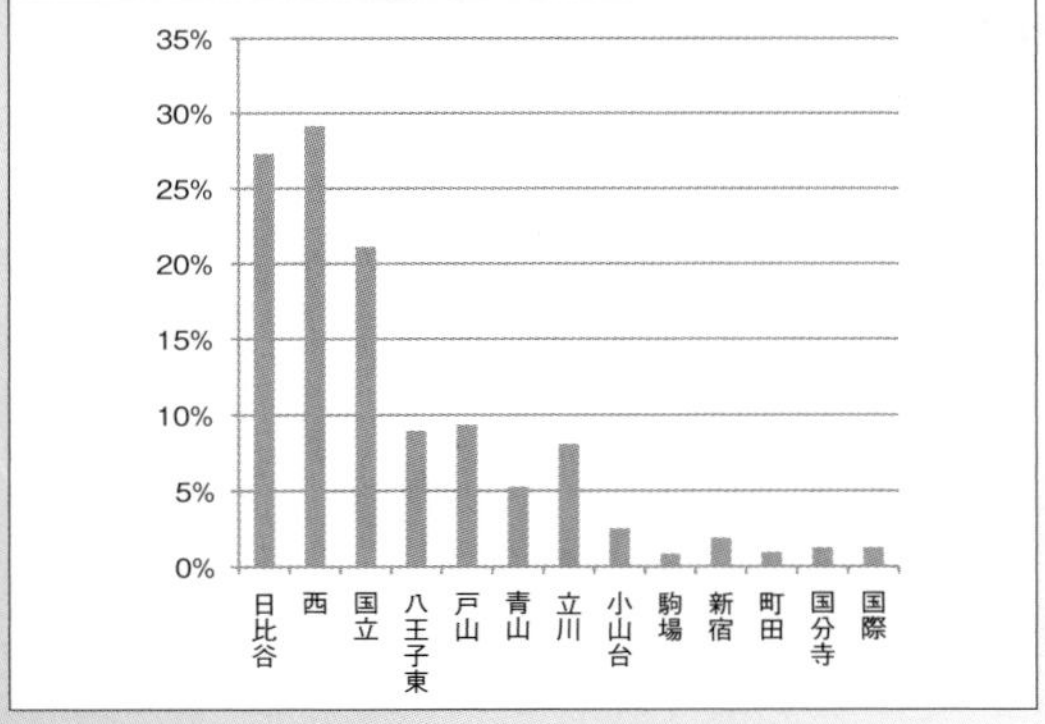

進学重点校７校難関大学合格者一覧（現浪計）

学校名	難関大合計	東大	一橋	東工大	京大	国公立大医学部
日比谷	86	29	10	4	6	37
西	95	34	23	13	10	15
国立	68	22	15	10	10	11
八王子東	29	9	4	9	4	3
戸山	30	10	8	7	1	4
立川	25	5	5	9	4	2
青山	15	1	6	7	0	1

合格率（現浪計）「国公立大」（特進校・推進校）

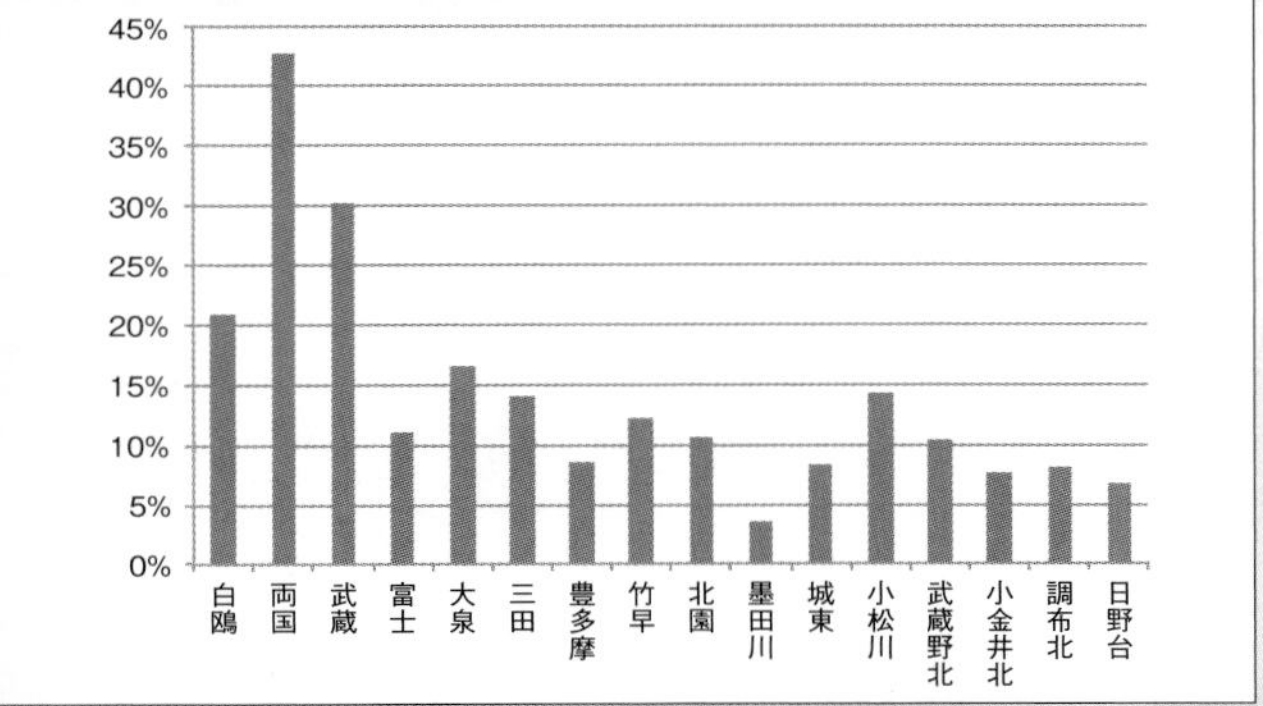

合格率（現浪計）「国公立大」（進学重点校）

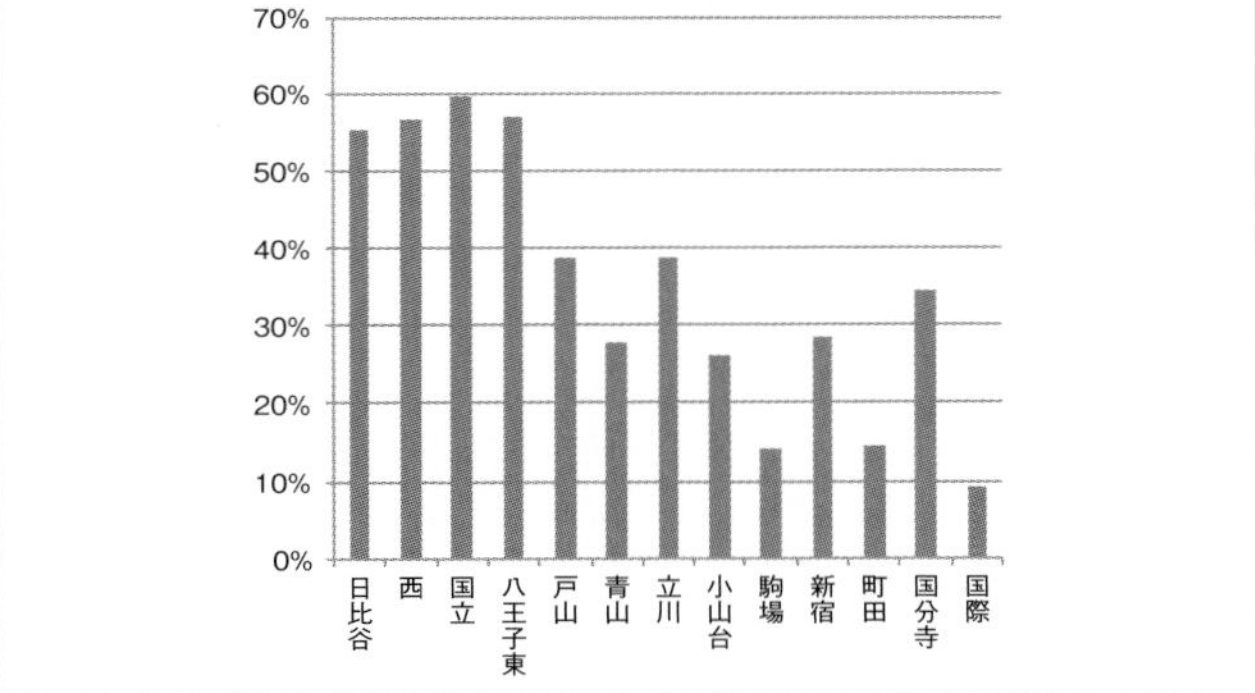

合格率（現浪計）「早慶上理」（特進校・推進校）

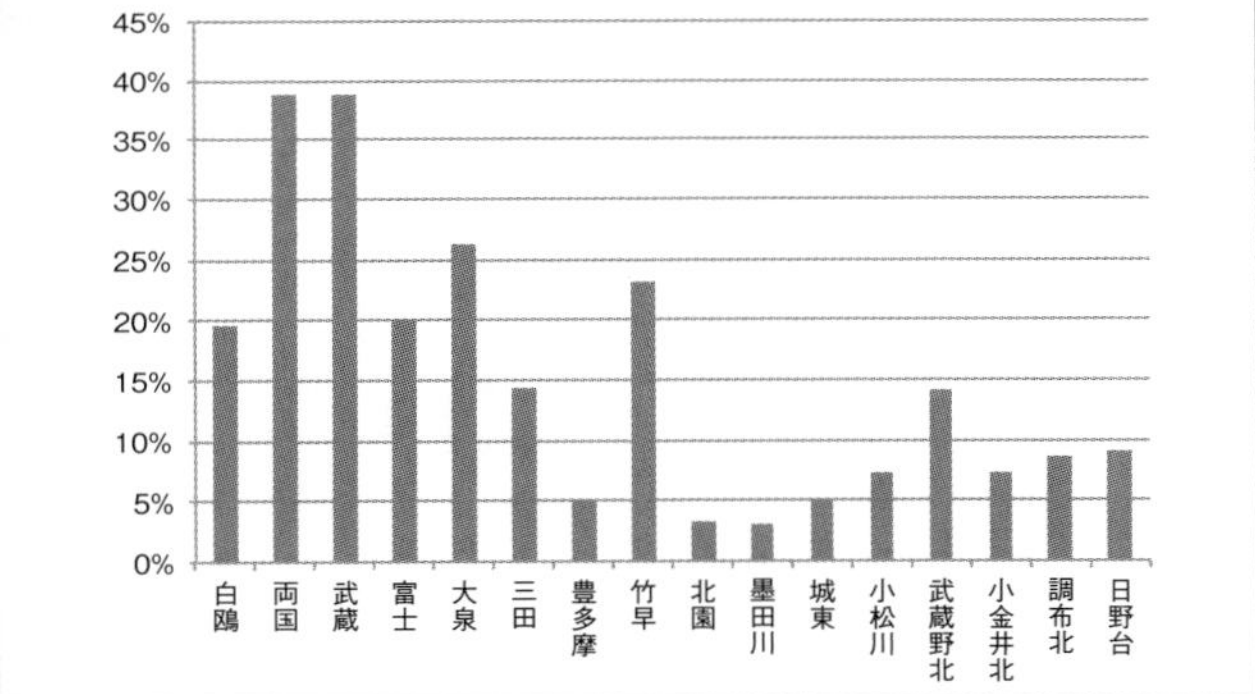

合格率（現浪計）「早慶上理」（進学重点校）

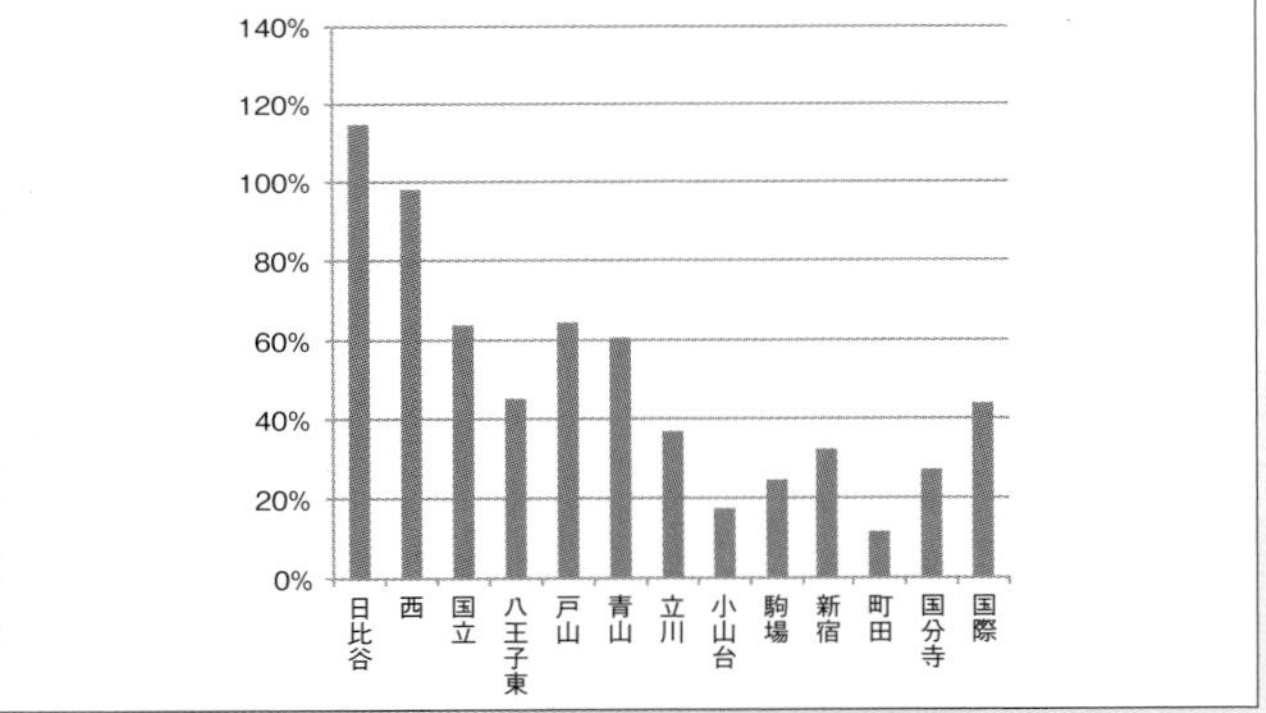

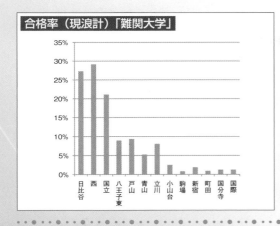

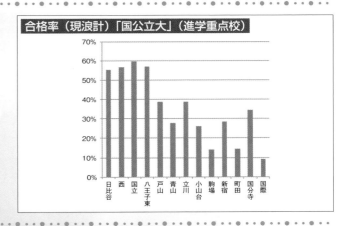

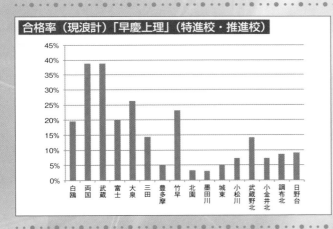

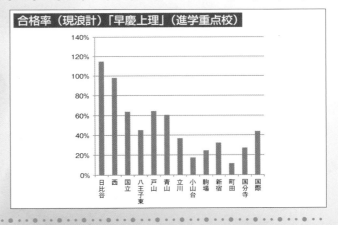

Basic Lecture

高校入試の基礎知識

学校情報の集め方

学校の情報はどう集めたらよいか

「志望校を選ぶ」――、その第1歩が学校情報を集めることです。まずは各校の様子を知らなければ「選ぶ」ことはできません。そして入試に関する特徴や傾向といった情報もしっかりと集めることです。学校を知ることで、「高校」に興味が湧き、動機も生まれ、受験への姿勢もできてきます。では、どのようにして学校の情報を集めたらよいのでしょうか。今回はそんなお話をしたいと思います。

まずは行きたい学校を選び 偏差値にとらわれない選択を

「学校を選ぶ」……、口で言うのは簡単ですが、なかなか難しいですね。あと数カ月、11月には中学校の先生との面談で、自分が行きたい学校を申告しなければなりません。そのときまでに、自分の意思をはっきりさせる必要があります。

ほとんどの生徒は、どちらが第1志望にしろ、公立高校、私立高校を最低1校ずつ選ぶことになるでしょう。なかには国立大学附属高が「行きたい学校」だという生徒もいるかもしれません。

ただ、ここでひとつ気をつけたいことがあります。

「学校を選ぶと言ったって、オレの行ける学校はそんなにないし…」「成績で決まっちゃうじゃん」という人がいます。つまり、自分の学力と学校ごとに示されている偏差値を比べて学校を選ぼうとする発言です。

偏差値は学校選択の重要な要素であることは事実ですが、偏差値や知名度、大学の合格実績などにとらわれただけの志望校選びは進学後に不満が出てくる材料にもなります。

では、実際の志望校選びですが、最も大切なことは、「受験する学校は通いたい学校」でなければならないということです。

生徒自身の学習姿勢や志向、性格や進路志望、相性も考え、入学してからの3年間を楽しく過ごせる学校を探し、選んでいきたいものです。

その意味でも、実際に学校を訪れ、教育理念や方針、周囲の環境、先生方の情熱、在校生の様子に触れ、各学校のいわゆる「学校文化」を肌で感じるとることが大切です。

学校説明会は 学校情報収集の柱

さて、各校の学校文化を知るために大きな効果があるのが学校説明会への参加です。学校説明会に参加することは、情報収集の柱ともいえます。

ですから、志望することになるであろう学校の説明会には必ず行ってみることをお勧めします。

高校の学校説明会は、夏休みからさまざまな学校で次々と実施され、12月まで続きます。

私立高校だけでなく、国公立高校でも秋になれば最低2回は開催します。それ以外でも「授業見学」などとともにミニ説明会を実施する公立高校も多くなりました。

とくに秋以降の学校説明会では、推薦基準や入試問題の傾向など入学試験対策に直接関係することに触れる場合も多くなりますので、夏休みごろに一度訪ねた学校であっても、志望校となる学校には、再度足を運ぶこともポイントの1つとなります。

また、各校の学校案内(冊子やパンフレット)は、年初に企画され、夏休み前に印刷されているものです。にもかかわらず、入試に関する詳細は、夏休み中、または、夏休み後に決定されることが多いのです。

ですから、学校案内を見ているだけではわからないことがたくさんあります。

各高校の学校説明会とは別に、「合同学校説明会」というものもあります。

広い会場を設定して、いくつかの学校が合同で、同時に説明会を実施するものです。

私立高校が始めた企画でしたが、最近では公立高校でも、このタイプの説明会が多く実施されるようになっています。

このような合同学校説明会は、講演会が併催されていたり、同時に複数の学校の説明を聞くことができ、学校案内も複数校を手に入れることができるなどのメリットがあります。

ただ、その効果は実際に志望校に足を運ぶことを上回るものではありません。

ですから、合同説明会で複数校を知り、志望校には足を運んで確かめるというスタイルがよいと思います。

さて、インターネット上には、すべての学校が、その学校情報を公開していますので、学校の大略をつかむことができます。ただ、その中身は「学校案内パンフレット」とほぼ同じ、という学校も多くあります。

インターネットで、いくつかの学校を検索しただけで、その学校を「わかった」気になるのは危険です。とくにだれでも投稿できる「掲示板」やSNSを通じた情報は、必要以上に誇張されている場合がありますので気をつけましょう。

繰り返しになりますが、手軽なインターネット情報で学校のイメージを知ることはかまいませんが、志望する学校には実際に学校へ足を運び本質を知る、というスタンスを持ちましょう。

「体育祭」「文化祭」や「合唱祭」で学校を知る

体育祭や文化祭などの学校行事は、その学校の素顔を知るよい機会です。つまり、生徒の活動ぶりと学校の雰囲気を生で感じ取ることのできる機会なのです。

私立高校はもちろん、公立高校でも、これらを公開行事としていますので、志望校に、と考えている学校には、ぜひ出かけてみましょう(事前予約制としている学校もあります)。

そこでの、生徒たちの姿勢や目の輝き、先生と生徒とのやりとり、上級生と下級生の関係、先生と保護者のやりとりなどに注目しましょう。

またこの機会に、学校説明会のときとはちがう情報も入手することができます。

たとえば、学校へのアクセスです。学校説明会は比較的、土曜日の午後や日曜日に開催されることが多く、電車通学にしろ自転車通学にしろ、ラッシュ時とは異なる時間帯での学校訪問となっていたはずです。土・日開催とはいえ、文化祭などは朝から開催されていますので、通学時間帯に近い時刻に訪問することによって、交通アクセスの便、最寄り駅から学校への通学路の様子などを体験することができます。

ただ、体育祭や合唱祭については学校のグラウンドや施設で開催されるとはかぎりません。ホームページなどでよく確認しましょう。

また、「オープンスクール」や「クラブ体験」など受験生向けの行事も多く開催されています。これらも学校の雰囲気や、先生方、生徒のみなさんの様子を伺い知ることができる機会です。積極的に参加してみましょう(事前予約制としている学校もあります)。

6月号の答えと解説

問題

星形魔方陣に挑戦

右図のような星形の魔方陣があります。12カ所の○に1～12の数字を1つずつ入れ、同一線上にある4つの数字の合計をすべて等しくなるようにします。

この魔方陣を完成させたとき、「？」のついた◎に入る数字はいくつでしょうか。

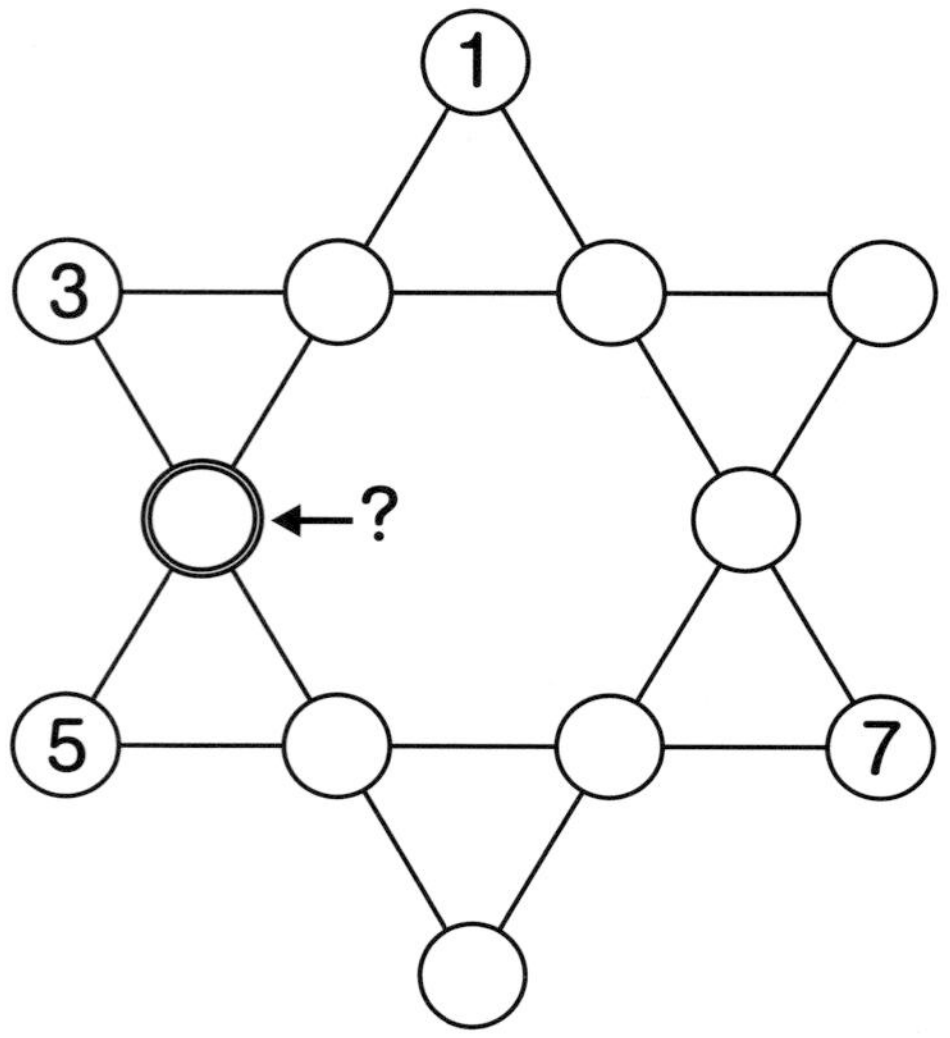

〔ヒント〕

まず、同一線上にある4つの数字の合計はいくつになるかを考えなくてはいけません。
4つの数字を含む辺は6本あり、そのすべてを合計すると、どの数字も2回ずつ加えられることになるので…。

解答　11

解説

ヒントにもあったように、4つの数字を含む辺は6本あり、そのすべてを合計すると、どの数字も2回ずつ加えられることになるので、同一線上にある4つの数字の合計は、

(1+2+3+4+5+6+7+8+9+10+11+12)×2÷6=26

これを手がかりに、当てはまる数字の組み合わせを考えると下の2通りの答えが考えられますが､どちらの場合も「？」のついた◎に入る数字は11になります。

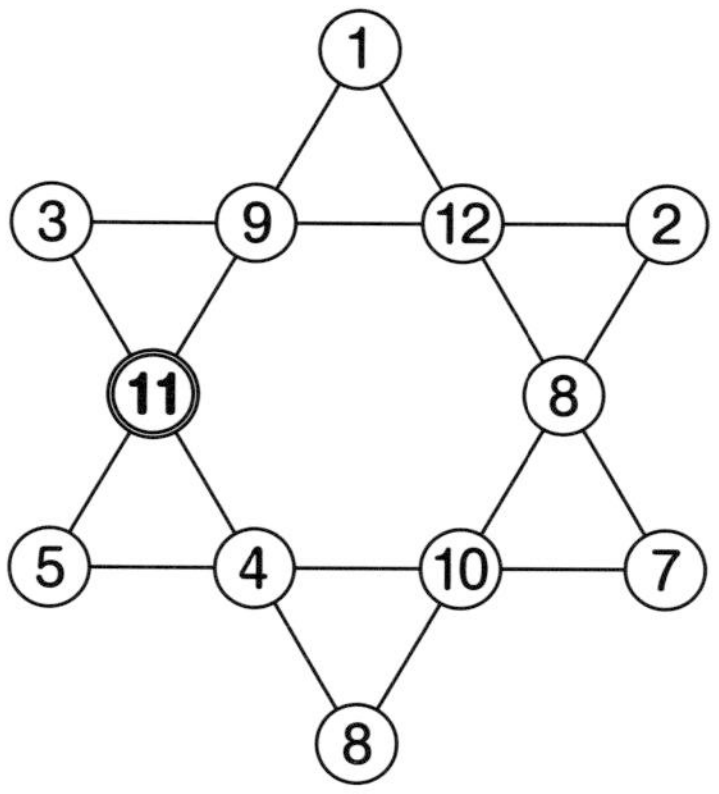

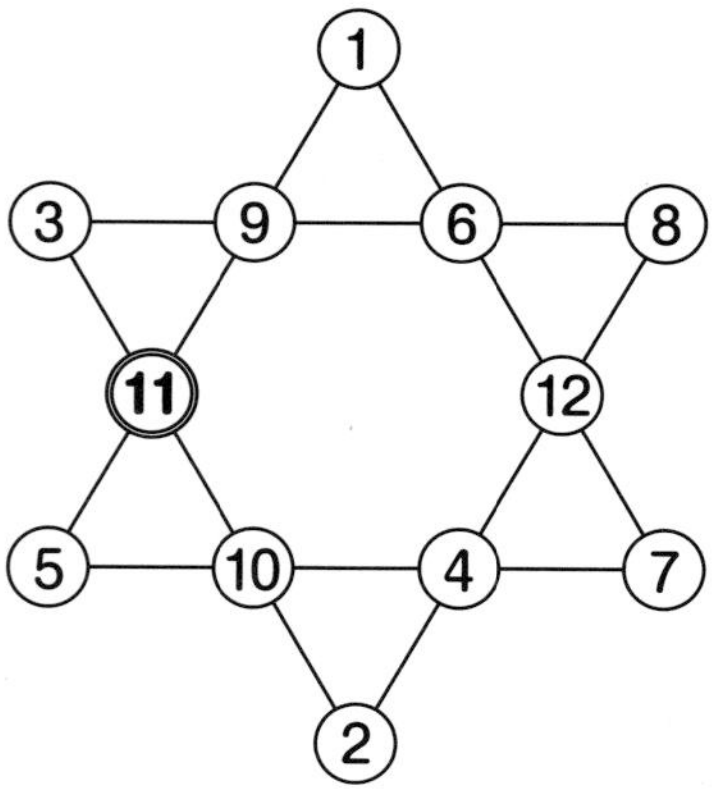

中学生のための学習パズル

今月号の問題

英語クロスワードパズル

カギを手がかりにクロス面に単語を入れてパズルを完成させましょう。

最後にa～fのマスの文字を順に並べると、ある乗りものの名前が現れます。なんの乗りものでしょうか。

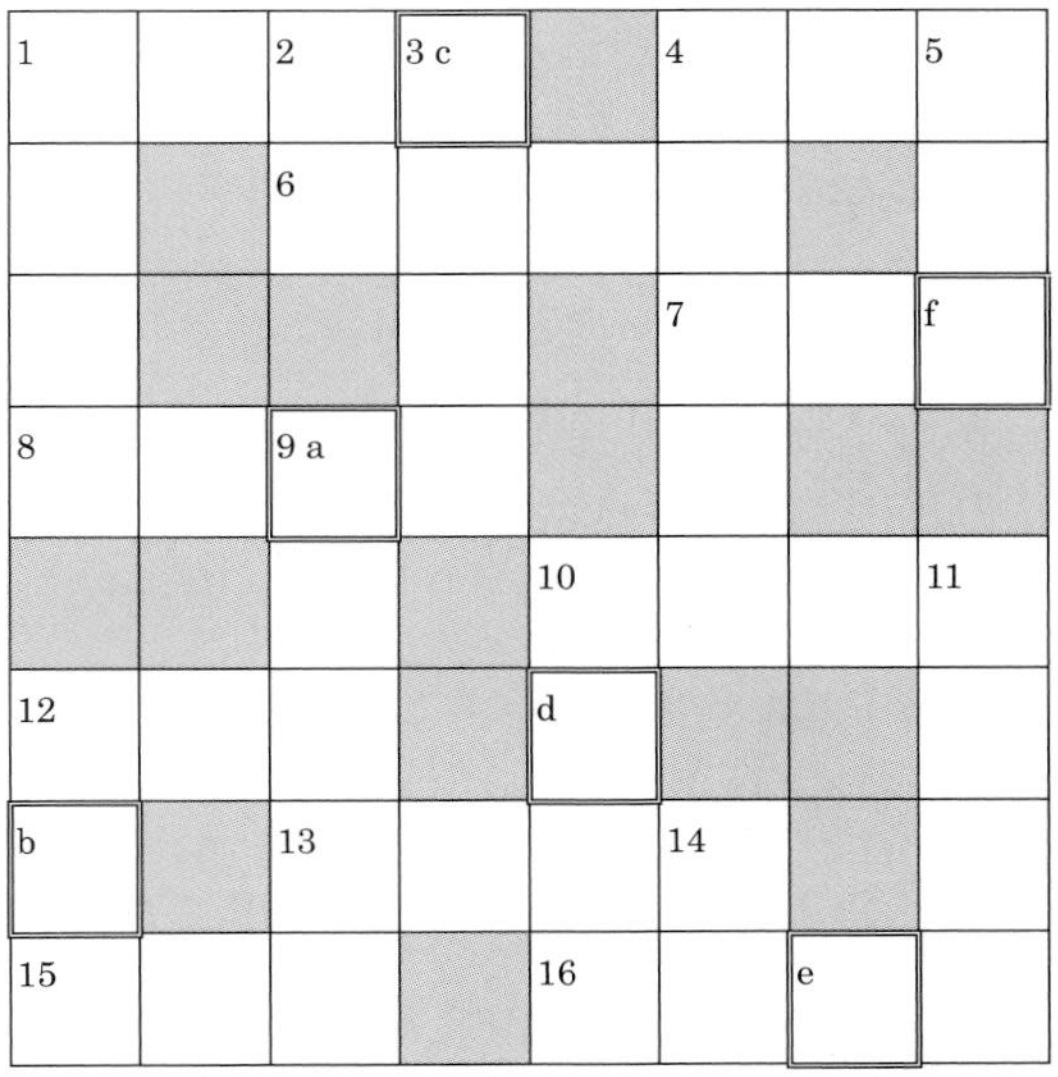

ヨコのカギ（Across）

1 こん棒、同好会

4 He ____ed me to open the window.
（彼は私に窓を開けてくれるように頼んだ）

6 Please help your____ to the cake.
（どうぞ自由にケーキをお取りください）

7 ____ hard
（大変な努力をする）

8 ⇔east

10 盆、ふちの浅い盛り皿

12 You ____ go home now.
（もう帰っていい）

13 細い、ほっそりした

15 He ____d the horse to a tree.

16 ⇔far

タテのカギ（Down）

1 カラス

2 Will you come with ____ ?
（私たちといっしょに行きませんか）

3 Of all seasons I like spring ____.
（四季のなかで春が一番好きだ）

4 the day ____ tomorrow（明後日）

5 鍵

9 the sixth ____（第六感）

10 They are ____s.
（彼らはふたごです）

11 Half a ____ is six months.

12 Please ____ this cake into eight.

14 Listen to ____.
（私の話を聞きなさい）

6月号学習パズル当選者

全正解者43名

★**広田　真宏**くん（神奈川県大和市・中2）
★**阿部　佑哉**くん（東京都東村山市・中2）
★**細田久美子**さん（東京都小平市・中1）

応募方法

●必須記入事項

01　クイズの答え
02　住所
03　氏名（フリガナ）
04　学年
05　年齢
06　右のアンケート解答
「ルーヴル美術館展」、「マンモス YUKA展」（詳細は89ページ）の招待券をご希望の方は、「○○展招待券希望」と明記してください。

◎すべての項目にお答えのうえ、ご応募ください。
◎ハガキ・ＦＡＸ・e-mailのいずれかでご応募ください。
◎正解者のなかから抽選で３名の方に図書カードをプレゼントいたします。
◎当選者の発表は本誌2013年10月号誌上の予定です。

●下記のアンケートにお答えください。

Ａ今月号でおもしろかった記事とその理由
Ｂ今後、特集してほしい企画
Ｃ今後、取り上げてほしい高校など
Ｄその他、本誌をお読みになっての感想

◆2013年8月15日（当日消印有効）

◆あて先

〒101-0047　東京都千代田区内神田2-4-2
グローバル教育出版　サクセス編集室
FAX：03-5939-6014
e-mail:success15@g-ap.com

挑戦!!

順《じゅん》天《てん》高等学校

問題

下の図のように一辺の長さが4の立方体を3つの辺の中点を通る平面で切り，この立方体の頂点を含む三角錐を取り除く。同様の操作を立方体のすべての頂点について行う。このとき，できた立方体について次の問いに答えなさい。

(1) この立体の面の数は［ア］［イ］，辺の数は［ウ］［エ］である。

(2) この立体の体積は $\dfrac{［オ］［カ］［キ］}{［ク］}$ である。

(3) この立体のすべての頂点を通る球の半径は［ケ］$\sqrt{［コ］}$である。

(4) この立体の頂点のA，B，C，D，Eを図のように定めたとき，四角錐A－BCDEの体積は $\dfrac{［サ］［シ］}{［ス］}$ である。

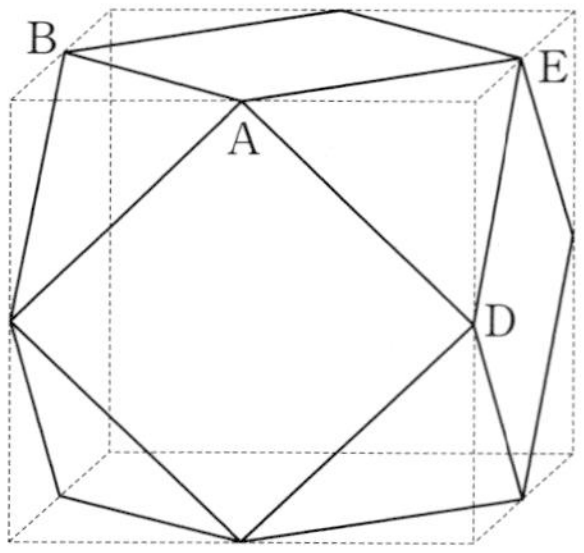

解答　ア1　イ4　ウ2　エ4　オ1　カ6　キ0　ク3　ケ2　コ2　サ1　シ6　ス3

東京都北区王子本町1-17-13
JR京浜東北線・地下鉄南北線「王子」徒歩3分、都電荒川線「王子駅前」徒歩3分
TEL　03-3908-2966
URL　http://www.junten.ed.jp/

西《せい》武《ぶ》台《だい》千《ち》葉《ば》高等学校

問題

右図において，線分ADは点Aにおける円Oの接線である．

このとき，$x=$［マ］［ミ］°である．

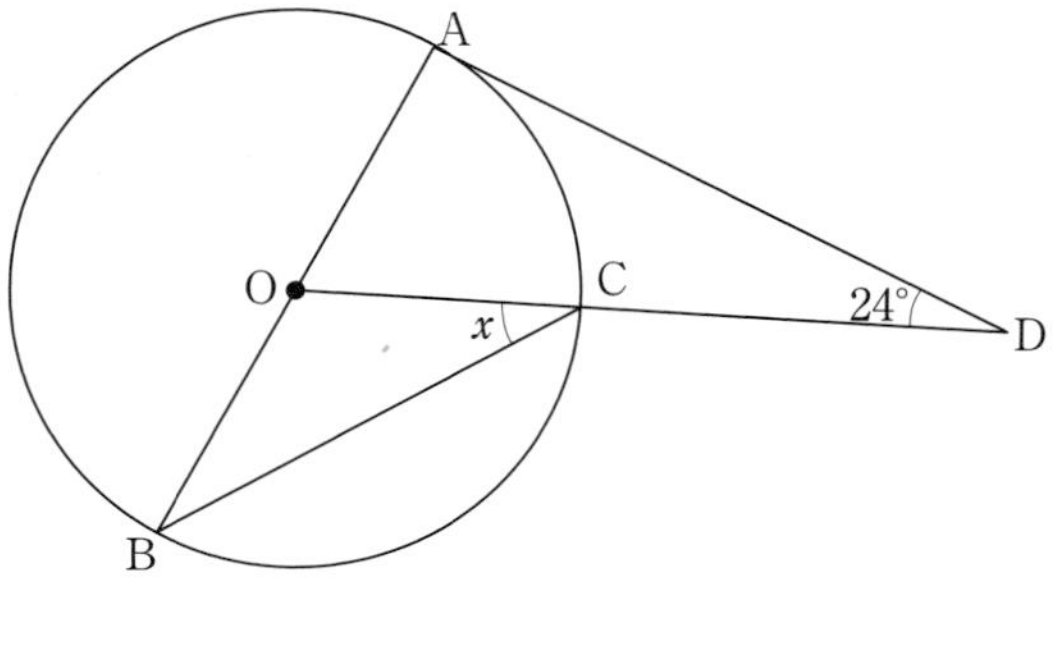

解答　マ2　ミ8

千葉県野田市尾崎2241-2
東武野田線「川間」徒歩17分
TEL　04-7127-1111
URL　http://www.seibudai-chiba.jp/

学校説明会

10月５日（土）14:00～15:30
10月26日（土）　9:00～10:30
11月９日（土）　9:00～10:30
11月17日（日）　9:00～10:30

オープンスクール

８月25日（日）　9:00～12:30

輝陽祭（文化祭）

９月７日（土）　9:00～15:00
９月８日（日）　9:00～14:30

学校見学会　要予約

７月23日（火）10:00～
７月30日（火）10:00～　11:00～
８月６日（火）10:00～　11:00～

私立高校の入試問題に

川《かわ》越《ごえ》東《ひがし》高等学校

問題

右図のように，四角形ABCDがあり，対角線の交点をEとする。

△ABC∽△DAC，CD＝1，∠ABC＝30°，∠BAC＝90°のとき，次の各問いに答えなさい。

(1) △ABCとDACの面積の比を求めなさい。

(2) △ABDと△BCDの面積の比を求めなさい。

(3) EDの長さを求めなさい。

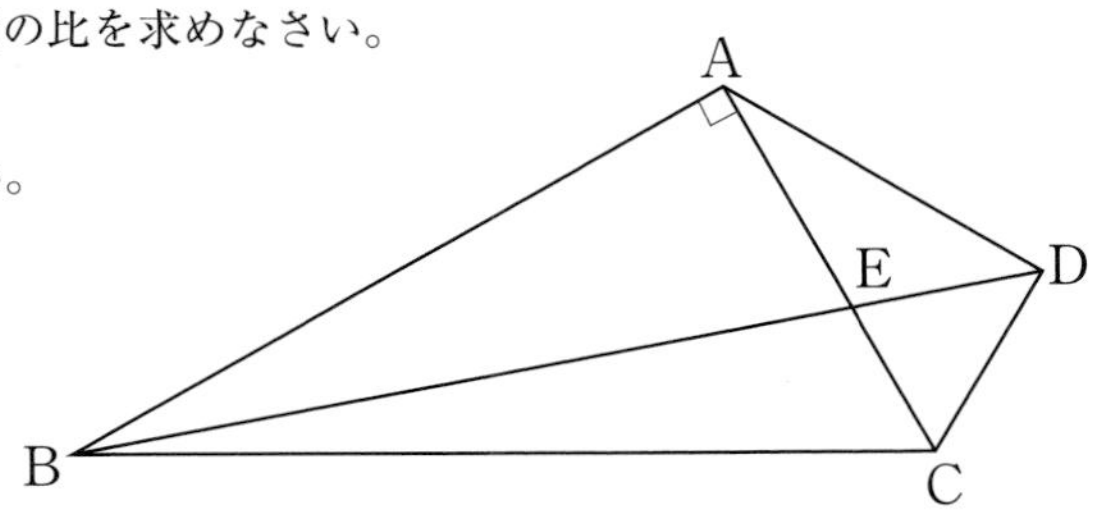

解答 (1) 4：1　(2) 3：2　(3) $\frac{\sqrt{21}}{5}$

埼玉県川越市久下戸6060
JR線・東武野田線「大宮」、JR川越線「南古谷」、西武新宿線「本川越」、東武東上線「上福岡」スクールバス
TEL　049-235-4811
URL　http://www.kawagoehigashi.ed.jp/

本《ほん》郷《ごう》高等学校

問題

各辺が6の正四角すいにおいて、側面の4つの正三角形の重心を、それぞれA，B，C，Dとし、底面の正方形の対角線の交点をEとする。このとき、次の問に答えよ。

(1) 四角すいE－ABCDについて、底面を四角形ABCDとしたときの高さを求めよ。

(2) 四角すいE－ABCDの体積を求めよ。

解答 (1) $\sqrt{2}$　(2) $\frac{8\sqrt{2}}{3}$

東京都豊島区駒込4-11-1
JR山手線・都営地下鉄三田線「巣鴨駅」徒歩3分、JR山手線・地下鉄南北線「駒込」徒歩7分
TEL　03-3917-1456
URL　http://www.hongo.ed.jp/

学校説明会

10月12日（土）14:00～
11月16日（土）14:00～
12月 7 日（土）14:00～

夏休み見学会

7 月27日（土）10:30～、14:00～
7 月28日（日）10:30～、14:00～

本郷祭

9 月21日（土）10:00～16:30
9 月22日（日） 9:00～16:00

お便りコーナー

サクセス広場

体育祭の思い出

クラス全員で跳ぶ**大縄跳び**。あと1回で100回というところで私がひっかかってしまって…泣きました。
（中2・ぴょんぴょんさん）

入院中に外出許可をもらって**見学応援**。でも久しぶりにみんなに会えて最高の体育祭！
（中3・おかゆさん）

クラスみんなの期待を背負ってアンカーとして走ったリレー。豪快にコケたうえに、なぜか靴が脱げて飛んでいって、それを踏んだ少し前を走っていた隣のクラスのアンカーもコケるという**連鎖事故**を起こしてしまいました…。
（中2・はた迷惑さん）

仲のいい友だちが1500m走に出ていたとき、トラックを1周回ってくるごとに**違うあだ名**をつけて応援したこと。
（中3・なつひこさん）

体育祭のときの放送で1位の組と最下位の組を**逆にして読んで**しまったこと。その後、先生にかなりしごかれた！
（中2・体育祭に雷が…さん）

私の学校は、体育祭前になると全校生徒で**ラジオ体操**を何時間も練習します。おかげで細かい腕のフリなどもばっちり。
（中2・たんぽぽさん）

好きな色とその理由は？

青です。小さいころピンクが好きでピンクのものばかり集めていたら、あるときから真逆の青が好きになりました。
（中2・どかんさん）

派手好きなので**蛍光オレンジ**が好きです。この色はめっちゃめだちます！
（中1・オレンジーナさん）

水色が好きです。色がきれいなのと、好きな人に「君は水色が似合うね」と言われたから！
（中2・恋するパインサーさん）

紫です。渋いけどキレイだなといつも感じます。
（中3・紫芋さん）

ひまわりが好きだから、ひまわりと同じ**黄色**が好き！
（中3・かき氷食べたいさん）

赤です。なぜかはわからないけど、疲れているときに赤いものを身につけると元気が出る気がするんです。
（中2・ウシなのか？さん）

もし宇宙旅行に行けたら…

宇宙人と協力して**地球や色々な星を侵略して**自分のものにしてみたいです！
（中2・マツツ軍曹☆さん）

無重力状態で**だれが1番おもしろい動きができるか**競争したいです。勝てる自信があります。
（中2・ケチャップさん）

どこに行きたいというより**無重力を体験したい**です。ふわふわ浮かんで楽しそうじゃないですか。
（中3・ふわっとさん）

地球を外から見たいですね。そしてぼくも言いたいです。「地球は蒼かった」と。
（中2・アムロさん）

やっぱり月に行きますよね。テレビで見た月面に旗を立てるシーンを自分で再現するでしょう。
（中2・星条旗ッズさん）

火星に上陸して、**火星人と仲良くなりたい**！　最終的には火星の言葉を教えてもらえるような仲になるのが目標！
（中1・マーズさん）

募集中のテーマ

「飼ってみたい動物」

「克服したいこと」

「自分の好きなところ」

応募〆切 2013年8月15日

必須記入事項

A／テーマ、その理由　B／住所　C／氏名
D／学年　E／ご意見、ご感想など

ハガキ、FAX、メールを下記までどしどしお寄せください!
住所・氏名は正しく書いてください!!
ペンネームは氏名のうしろに(　)で書いてネ!
【例】サク山太郎(サクちゃん)

あて先

〒101-0047　東京都千代田区内神田2-4-2
グローバル教育出版　サクセス編集室
FAX:03-5939-6014　e-mail:success15@g-ap.com

ここにメールしてね!!

ケータイから上のQRコードを読み取り、メールすることもできます。

掲載されたかたには
抽選で図書カードをお届けします!

掲載にあたり一部文章を整理することもございます。個人情報については、図書カードのお届けにのみ使用し、その他の目的では使用いたしません。

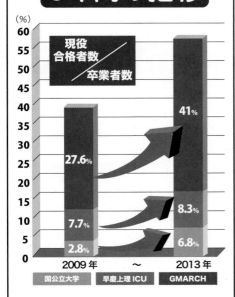

アート

ルーヴル美術館展
–地中海 四千年のものがたり–
7月20日（土）～9月23日（月・祝）
東京都美術館　企画展示室

クロード・ベルタン《クレオパトラ》1690年以前©RMN-Grand Palais (musee du Louvre) / Gerard Blot / Christian Jean /distributed by AMF

「ルーヴル美術館展」の招待券を5組10名様にプレゼントします。応募方法は85ページを参照。

地中海をテーマにした時間と地域を超える旅

世界最大級の美術館として有名なフランス・パリにあるルーヴル美術館。ルーヴル美術館の全8美術部門が総力をあげて「地中海」をテーマに企画したこの展覧会は、西洋と東洋を結ぶ地中海世界の4000年におよぶ歴史的･空間的な広がりを、多彩な200点を超えるコレクションで展観する。「アルテミス、通称 ギャビーのディアナ」はルーヴル美術館に所蔵されて以来、初めて館外に出品されもちろん日本初公開。

アート

ECO EDO 日本橋 ダイナーズクラブ アートアクアリウム2013～江戸・金魚の涼～
7月13日（土）～9月23日（月・祝）
日本橋三井ホール

江戸情緒感じる水槽で揺らめく5000匹の金魚たち

昨夏、20万人以上の来場者を集めた金魚の水中アートが今年も開催される。東京・日本橋での開催テーマは、「江戸・金魚の涼」。江戸時代に花開き、日本人に親しまれてきた“金魚”にスポットを当て、和をモチーフにデザインされた水槽と光・映像など、最新の演出技術が融合した水中アートを見ることができる。古き良き江戸情緒が感じられる水中空間を約5000匹の金魚があでやかに、そして優美に舞い踊る。

サクセス イベント スケジュール
7月～8月
世間で注目のイベントを紹介

アート

アメリカン・ポップ・アート展
8月7日（水）～10月21日（月）
国立新美術館

ロイ・リキテンスタイン《鏡の中の少女》1964年、106.7×106.7 cm、エナメル／鋼板、The Ryobi Foundation蔵Photograph by Robert McKeever, courtesy of Gagosian Gallery ©Estate of Roy Lichtenstein, N.Y. & JASPAR, Tokyo, 2013 E0312

アメリカン・ポップ・アートの魅力と真価を紹介

大量生産・大量消費の大衆文化を主題とする一連の芸術動向であるポップアートはイギリスで生まれ、アメリカで花開いた。ポップアートの黎明期からパトロンとして支援してきたジョン・アンド・キミコ・パワーズ夫妻のコレクションから、アンディ・ウォーホルら巨匠たちの1960年代の代表作を含め、絵画、彫刻、素描、版画など約200点でアメリカン・ポップ・アートの魅力と真価を紹介する。

特別展

マンモス「YUKA」
7月13日（土）～9月16日（月・祝）
パシフィコ横浜 展示ホールA

ユカの復元図（左）©Utako Kikutani 2013

マンモス「YUKA」の招待券を5組10名様にプレゼントします。応募方法は85ページを参照。

3万9000年前から蘇るマンモス「YUKA」

2010年、シベリアの永久凍土から、4本の脚や長い鼻などほぼ完全な状態で1頭のマンモスが発掘された。3万9000年前に生息していたメス（10歳）で、「YUKA（ユカ）」と名付けられたこのマンモスを中心に、マンモスの骨や牙、動物の皮でできた家など約100件が展示される。「ユカ」の冷凍保存された標本が世界初公開となるほか、同時期に生息した絶滅動物ケサイの大型冷凍標本も展示される。

大学受験も 早稲田アカデミー SUCCESS18

君を合格へと導く サクセス18の 夏期講習会

早稲田アカデミー
イメージキャラクター
伊藤萌々香
（フェアリーズ）

この夏、キミの本気をカタチにする。

早稲田アカデミーなら 最難関の東大、憧れの早慶上智、人気のGMARCH理科大に、大きく伸びて現役合格できる

1人でもない、大人数に埋もれない、映像でもない「少人数ライブ授業」

生徒と講師が互いにコミュニケーションを取りながら進んでいく、対話型・参加型の少人数でのライブ授業を早稲田アカデミーは大切にしています。講師が一方的に講義を進めるのではなく、講師から質問を投げかけ、皆さんからの応えを受けて、さらに理解を深め、思考力を高めていきます。この生徒と講師が一体となって作り上げる高い学習効果は大教室で行われる授業や映像授業では得られないものです。

授業で終わらない。皆さんの家庭学習の指導も行い、第一志望校現役合格へ導きます

学力を高めるのは授業だけではありません。授業と同じくらい大切なのが、日々の家庭学習や各教科の学習法。効率的に授業の復習ができる家庭学習教材、必ず次回授業で実施される課題のフィードバック。面談で行われる個別の学習方法アドバイス。一人ひとりに最適なプランを提案します。

同じ目標を持つ友人との競争と熱意あふれる講師たち。無限大の伸びを作る環境がある

早稲田アカデミーは、志望校にあわせた学力別クラス編成。同じ目標を持つ友人と競い合い、励ましあいながら、ひとつのチームとして第一志望校合格への道を進んでいきます。少人数ならではでいつでも講師に質問ができ、講師は生徒一人ひとりに直接アドバイスをします。学習空間がもたらす二つの刺激が、大きな学力の伸びをもたらします。

偏差値40〜50台から憧れの早慶上智大へ現役合格できる

サクセス18の早慶上智大合格者の内、実に半数以上が高1の時の偏差値が40〜50台だったのです。こうした生徒達は皆サクセス18で大きく学力を伸ばし、第一志望大学現役合格の夢を実現させたのです。次は皆さんの番です。サクセス18スタッフが皆さんの夢の実現をお手伝いします。

7/22(月)〜8/29(木)

［実施日程］

7/22	23	24	25	26	27	28	29	30	31	8/1	8/2	8/3
月	火	水	木	金	土	日	月	火	水	木	金	土
第1ターム			第2ターム			ー	第3ターム			第4ターム		

8/17	18	19	20	21	22	23	24	25	26	27	28	29
土	日	月	火	水	木	金	土	日	月	火	水	木
第5ターム			第6ターム			ー	第7ターム			第8ターム		

［実施時間］ 180分×3日間/1講座

9:00〜12:00　13:00〜16:00　17:00〜20:00

卒塾生特典あり 詳しくはお問い合わせください。

高3対象 日曜特訓 志望校別対策コース

- 東　大必勝コース
- 国立大必勝コース
- 早慶大必勝コース
- 難関大必勝コース

エキスパート講師陣　志望校別オリジナル教材
少人数・学力別クラス　徹底した添削システム

説明会&選抜試験 8/23(金)・31(土)

※会場・時間等詳細はお問い合わせください。

料金

入塾金：10,500円（基本コース生は不要）　受講料：30,000円／ターム

会場

東大必勝	御茶ノ水校
国立大必勝	渋谷校
早慶大必勝	池袋校・渋谷校・国分寺校
難関大必勝	池袋校・渋谷校・国分寺校

夏で逆転勝利

夏期講習会

超難関医学部へジャンプ!

4日間で完結する完全単科制!!

野田クルゼの夏期講習は4日間ごとのターム制。全ての講座が単元ごとに選択できる完全単科制です。ですからあなたに必要な科目や単元を1講座から自由に選択できます。また、あなたの学習状況や成績に応じて最適な講座が選択できるようにカウンセリングを行います。

夏からスタートする人も心配いりません!

夏期講習の授業は一人ひとりの理解度を確認しながら進めていく復習型です。また、1学期の学習内容に対応する授業も設定されており、夏から本格的に医学部対策を始める人にも不安はありません。さらに、個別指導(Medical1)を併用することで今までの遅れを一気に取り戻すことも可能です。※特に数学に不安がある方は復習講座の受講をお勧めします。

医歯薬受験指導専門の講師による少人数指導

授業を担当する講師は医歯薬大入試に精通したエキスパート講師。そして、教材や課題など講座で使用するものは、全て医歯薬大入試に特化したオリジナル教材を使用します。また、15名前後の少人数制ですから、授業担当講師が直接質問対応できます。

実施日程	第1ターム	第2ターム	第3ターム	第4ターム
	7/22(月)~7/25(木)	7/29(月)~8/1(木)	8/5(月)~8/8(木)	8/19(月)~8/22(木)

他予備校との併用もできる

医学部受験指導のスペシャリストによる

医学部専門個別指導 Medical 1 メディカル・ワン

この夏で、キミの苦手を得意に変えよう! 全学年対象

個別のみ 受験勉強のスタートを個別集中特訓で、無理なく! 無駄なく!

この夏からがんばるキミを応援します。エキスパート講師に全て任せてください。

クラス併用 クラス授業との併用でスムーズな導入を!

この夏初めて野田クルゼに参加することに不安のある方にも、個別指導でのフォローアップがあれば万全です。

Point 1 志望校と学力にあわせたあなただけのフルオーダーカリキュラム

Point 2 医学部受験指導のエキスパート講師が1対1で指導

Point 3 一人ひとりを授業後もケア医学部チューターシステム

Point 4 43年間、のべ2000名を超える医学部合格者を誇る実績

日曜集中特訓

最難関医学部を目指すライバルだけが集う「競い合う空間」

医学部必勝講座 9月生募集

医系受験指導40年以上の伝統と実績を誇る野田クルゼのエキスパート講師が、最速・最短の方法で現役合格に導くプロジェクト。それが「医学部必勝講座」です。講義⇒演習⇒試験というサイクルにより、あいまいな理解から生じる些細なミスを無くし、入試において高得点を狙える学力を定着させます。同時に、難易度の高い入試問題を扱いながら、現役生に不足している実践的な問題演習を行います。この講座で最難関医学部現役合格の夢をかなえましょう!

説明会・選抜試験 無料

8/25(日)

対象 ▶高1~高3

場所 ▶野田クルゼ現役校

最難関医学部必勝講座(選抜クラス) 千葉大、筑波大、医科歯科大などを中心に受験を考えている皆さんのためのクラスです。

難関医学部必勝講座(オープンクラス) 私立大医学部などを中心に受験を考えている皆さんのためのクラスです。

高3対象 最難関医学部必勝講座/難関医学部必勝講座 タイムテーブル(例) 1ヶ月に3回/英語・数学・理科(化学・生物・物理)・国語・チェックテスト

	1限	2限	3限
1回目	数　学(180分)	英　語(180分)	英・数チェックテスト(各60分)
2回目	化　学(180分)	化学演習(120分)	国　語(120分)
3回目	生物/物理(180分)	生物演習/物理演習(120分)	理科チェックテスト(各30分)

高2・高1生対象 最難関医学部必勝講座 タイムテーブル(例) 1ヶ月に1回/英語・数学・チェックテスト

	10:00~12:00	13:00~15:00	15:10~16:10	16:20~17:20
1回目	英　語	数　学	英語チェックテスト	数学チェックテスト

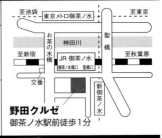

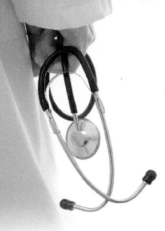

Success15 Back Number

2013 7月号

学校を選ぼう
共学校・男子校・女子校のよさを教えます！

使ってナットク文房具

SCHOOL EXPRESS
栄東

Focus on
神奈川県立横浜翠嵐

2013 6月号

今年出た！ 高校入試の
記述問題にチャレンジ

図書館で勉強しよう

SCHOOL EXPRESS
青山学院高等部

Focus on
東京都立国立

2013 5月号

難関校に合格した
先輩たちの金言

英語で読書

SCHOOL EXPRESS
山手学院

Focus on
東京都立戸山

2013 4月号

早大生、慶大生に聞いた
早稲田大学・慶應義塾大学

学校クイズ

SCHOOL EXPRESS
東邦大学付属東邦

Focus on
千葉市立千葉

2013 3月号

みんなの視野が広がる！
海外修学旅行特集

部屋を片づけ、頭もスッキリ

SCHOOL EXPRESS
早稲田実業学校

Focus on
東京都立日比谷

2013 2月号

これで安心
受験直前マニュアル

知っておきたい2013こんな年！

SCHOOL EXPRESS
城北埼玉

Focus on
神奈川県立横浜緑ヶ丘

2013 1月号

冬休みにやろう！
過去問活用術

お守りに関する深イイ話

SCHOOL EXPRESS
中央大学

Focus on
埼玉県立越谷北

2012 12月号

大学キャンパスツアー特集
憧れの大学を見に行こう！

高校生になったら留学しよう

SCHOOL EXPRESS
筑波大学附属駒場

Focus on
東京都立青山

2012 11月号

効果的に憶えるための
９つのアドバイス

特色ある学校行事

SCHOOL EXPRESS
成城

Focus on
神奈川県立柏陽

2012 10月号

専門学科で深く学ぼう

数学オリンピックに
挑戦!!

SCHOOL EXPRESS
日本大学第二

Focus on
東京都立両国

2012 9月号

まだ間に合うぞ!!
本気の2学期!!

都県別運動部強豪校!!

SCHOOL EXPRESS
巣鴨

Focus on
千葉県立佐倉

2012 8月号

夏にまとめて理科と社会

入試によく出る
著者別読書案内

SCHOOL EXPRESS
國學院大學久我山

Focus on
東京都立西

2012 7月号

高校入試の疑問点15

熱いぜ！ 体育祭！

SCHOOL EXPRESS
開智

Focus on
神奈川県立湘南

2012 6月号

難関校・公立校の
入試問題分析2012

やる気がUPする文房具

SCHOOL EXPRESS
専修大学松戸

Focus on
埼玉県立川越

2012 5月号

先輩に聞く
難関校合格のヒミツ!!

「学校クイズ」に挑戦!!

SCHOOL EXPRESS
筑波大学附属

Focus on
東京都立小山台

2012 4月号

私立の雄 慶應を知ろう！

四字熟語・ことわざ・
故事成語

SCHOOL EXPRESS
本郷

Focus on
千葉県立千葉東

2012 3月号

いざっ！ 都の西北早稲田へ

勉強が楽しくなる雑学
【理科編】

SCHOOL EXPRESS
豊島岡女子学園

Focus on
東京都立三田

これより前のバックナンバーはホームページでご覧いただけます（http://success.waseda-ac.net/）

サクセス15 バックナンバー 好評発売中！

How to order バックナンバーのお求めは

バックナンバーのご注文は電話・FAX・ホームページにてお受けしております。詳しくは96ページの「information」をご覧ください。

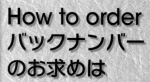

編集後記

期末試験が終われば、いよいよ夏休み。今月号の『サクセス15』も夏休みを意識し、12名の高校生にインタビューした「夏休みの過ごし方」特集と、夏休みに取り組める「自由研究のススメ」特集をご用意しました。

受験学年の３年生のみなさんは、今年の春に見事志望校に合格した先輩の体験談を参考に、中学最後の夏休みを悔いのないように過ごしてください。

また、長い夏休みに取り組めることとして、自由研究についてもご紹介しています。受験のない１・２年生にぴったりの特集です。今回載せたもの以外にもさまざまなコンクールがありますので、自分の好きなことを活かせる場を探してみるのもいいでしょう。　（H）

Information

『サクセス15』は全国の書店にてお買い求めいただけますが、万が一、書店店頭に見当たらない場合は、書店にてご注文いただくか、弊社販売部、もしくはホームページ（下記）よりご注文ください。送料弊社負担にてお送りします。

定期購読をご希望いただく場合も、上記と同様の方法でご連絡ください。

Opinion, Impression & etc

本誌をお読みになられてのご感想・ご意見・ご提言などがありましたら、ぜひ当編集室までお声をお寄せください。また、「こんな記事が読みたい」というご要望や、「こういうときはどうしたらいいの」といったご質問などもお待ちしております。今後の参考にさせていただきますので、よろしくお願いいたします。

サクセス編集室
TEL 03-5939-7928
FAX 03-5939-6014

高校受験ガイドブック2013 8 サクセス15

発行　2013年7月15日　初版第一刷発行
発行所　株式会社グローバル教育出版
〒101-0047 東京都千代田区内神田2-4-2
TEL　03-3253-5944
FAX　03-3253-5945
http://success.waseda-ac.net
e-mail　success15@g-ap.com
郵便振替　00130-3-779535
編集　サクセス編集室
編集協力　株式会社 早稲田アカデミー

Success15

8月号

高校受験ガイドブック2013 8
早稲田アカデミー 提携
Success15
夢が広がる高校選びの情報満載!
サクセス15
現役高校生に聞いた!
中3の夏休みの
過ごし方
夏休みにやってみよう
自由研究のススメ
SCHOOL EXPRESS
中央大学附属高等学校
FOCUS ON
埼玉県立浦和高等学校

Next Issue

9月号は…

Special 1

SSH指定校特集

Special 2

学校カフェテリア特集

School Express

法政大学第二高等学校

Focus on

東京都立立川高等学校

ISBN978-4-86512-012-7

C6037 ¥800E

定価：本体800円+税

グローバル教育出版

1/1
ISBN：9784865120127
受注No：127083
受注日付：241205
コメント：6037
書店CD：187280　28
受注

高校受験ガイドブック2013 ④

早稲田アカデミー 提携

Success15

夢が広がる高校選びの情報満載！

サクセス15

早大生、慶大生に聞いた
早稲田大学 慶應義塾大学

知れば知るほどおもしろい！
学校クイズ

私立 INSIDE
東京都の私立高校 一般入試の応募傾向速報

公立CLOSE UP
公立高校入試システムの変更とその動向

完全提携
早稲田アカデミー

定価：本体800円＋税

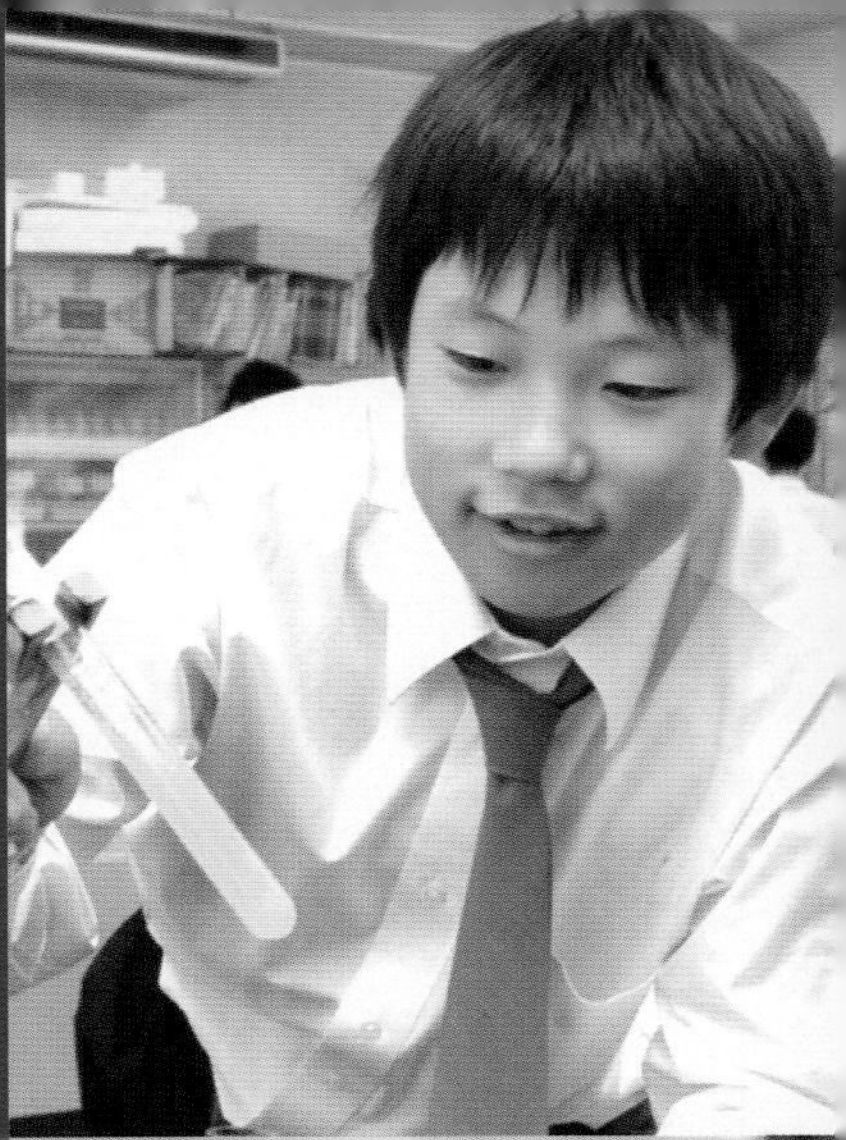

KEIKA

100年の時を超え、
永遠に羽ばたく

京華中学校
京華高等学校

BOYS
115th
03-3946-4451
http://www.keika.ed.jp

京華商業高等学校

BOYS & GIRLS
111th
03-3946-4491
http://www.keika-c.ed.jp

京華女子中学校
京華女子高等学校

GIRLS
103rd
03-3946-4434
http://www.keika-g.ed.jp

※ 説明会や入試などの詳細は、各校のホームページをご覧ください。
※ ご不明な点は、各校または広報室まで問い合わせください。

京華学園 広報室　〒112-8612 東京都文京区白山 5-6-6
TEL 03-3941-6493　FAX 03-3941-6494　E-mail kouhou@keika.ac.jp